井上健一郎
Kenichiro Inoue

吉祥寺「ハモニカ横丁」物語

国書刊行会

まえがき

学生時代、当時住んでいた東小金井《ひがしこがねい》からJR中央線に乗って吉祥寺にあるCDショップに通うのが習慣だった。

ある日、いつものように吉祥寺駅で降りて、目当ての店を目指して駅前の通りを歩いていた。すると、視界の隅に黒い影を感じた。目をやると、影の正体は薄暗い路地の入口だった。路地から視線を外して再び歩き始めると、それまでは隙間なく店舗が並んでいると思っていた通りに、ほぼ同じ間隔でいくつかの路地が通っていることに気づいた。どれも幅は一・五メートル程しかなかった。

いつもは気づかず通り過ぎていただけに、こんなところに路地があったのかと驚いた。路地の内部を覗いてみると、とても遠くまで続いているような気がしたが、はっきりと確認する前に目を背《そむ》けてしまった。無数の人が行き交う大通りとは違って、あまりにも私的な空間であるように思えたので、覗くことが許されているのかもわからず不安になった。見てはいけないものを見てしまったような気がした。もしかすると、大通りにいる自分以外の人には、この路地は見えていないのではないかと思うくらいだった。みんなこの不気味な路地が気にならないのだろうか。初めてこの路地の存在に気づいたときは、目をそらすようにして、あまり気にしないように立ち去った。

しかし、吉祥寺へ行くたびに、この路地がとても気になった。そこに連なる建物が店舗なのか、それとも駅周辺の店舗のバックヤード的なスペースなのかもわからなかったので、もし仮に後者であるとしたら店の関係者ではない自分がむやみに足を踏み入れれば、店員に注意されるのではないかという警戒心があった。とはいえ、路地の入口から内部を観察しているだけでは、いつまでたっても内部の様子はわからない。路地に足を踏み入れようか、それともやめておいた方がいいか迷う日々が続いた。

そして、ある日、決死の覚悟で路地の内部に足を踏み入れることにした。初めて足を踏み入れたときは内部の様子を何も見る余裕がなく、出口を求めて一目散に光が差し込む方へ向かった。当然、店に入ることなどできなかった。なにせ通りを横切るだけで精一杯だったのだ。それから二回、三回と横丁を歩く回数が増えるうちに、ここは店舗群であって、自分が足を踏み入れても問題はないことがわかった。と同時に、今まで自分の中で闇に包まれていた内部の様子を徐々に把握できるまでの余裕を持って通行できるようになった。

すると、あることに気づいた。外から見ているとその佇まいから、路地の内部には木造の古い店舗ばかりが並んでいると想像していたので、きっと老舗が多いのだろうと思っていたのだが、時折、モダンな鉄骨造りの飲食店があったのだ。新しいものと古いものが混在した不思議なところだと思った。

それからしばらく経って、吉祥寺の飲食店についての特集が組まれた情報誌を見ていると、記事の中にあの怪しい路地で見かけて気になっていた焼鳥屋の写真を見つけた。その記事を読んでようやく、この一帯が「ハモニカ横丁」と呼ばれていることを知った。当時（二〇〇三年ごろ）は今ほどの知名度はなく、人通りもそれほど多くはなかった。

雑誌に載るくらいなのだから、それほど危険なところではないのだと安心した。それからは少し落ち着いて横丁に足を踏み入れることができるようになった。しかし、それでも店に入ることはできなかった。軒先から店を覗くと、店舗と軒先の通路の間に見えない壁があるように感じた。正確にいうと、見えない壁というよりは、店内が劇場の舞台であるかのような気がした。店内の店員と客は演技者で、それを通路にいる自分が観客になって見ているようだった。店内の演技者たちが羨ましく思えた。自分も舞台に上がりたいと思った。

それからまたしばらくして、極度の緊張の中、横丁の店で食事をしてみることにした。いざ店に入ってみると、これが本当に楽しかった。どういうわけか店に座って軒先の路地を行き交う人々を眺めているだけで楽しかった。テレビ画面の内側に来たかのような、なんともいえない高揚感があった。通路と店内を隔てる壁がない、軒先にむき出しの店の中で腰掛けていると、まるで自分がドラマの出演者になったかのような気分になった。

店内から軒先に目をやると、通り過ぎる時に店の中を覗き込み、一瞬立ち止まるが立ち去っていく人たちが何人もいた。横丁にある店は常連客の割合が多いせいか、新参者には店に入るときに勇気が必要だ。それゆえ、店に入ろうとしてもなかなか入ることができないのだと思う。そういう人たちを見る度、自分もちょっと前までは横丁の店に入る勇気がなかったな、と彼らに少し前の自分を重ね合わせた。

たちまち、毎週末はハモニカ横丁で飲食することが習慣になっていった。友人や吉祥寺在住の従姉弟を誘っては、横丁で焼鳥を頬張った。

地方都市の郊外の小奇麗な住宅地で育った私にとって、狭くて古い建物が並ぶ横丁の佇まいはとても新鮮だった。

横丁に通い始めてしばらくすると、どうしてこのような不思議な場所ができたのか、無性に知りたくなった。すぐに横丁の調査に乗り出すことにした。しかし、どうせやるのなら学業として認めてもらえれば一石二鳥だと思った。ちょうど横丁に関心を抱き始めたときは大学三年生の前期で、研究室の配属先を決める時期だった。土木工学専攻の自分が横丁調査をできる研究室を考えると、ひょっとしたら都市計画研究室が研究テーマとして認めてくれるかもしれないと思った。すぐに都市計画研究室のドアを叩いた。

こうして横丁研究が始まった。私が調査を始めたばかりの頃のハモニカ横丁には、行列をつくる店はあまりなかった。ところが、次々に雑誌がハモニカ横丁を大きく取り上げるので、次第に横丁に大勢の若者が集うようになった。横丁人気の上昇を肌で感じた。

当初は、横丁の研究をやっていると人にいうと、ほぼ毎回不思議な顔をされたが、今では不思議な顔をされる頻度は少し減った。横丁に関心を抱いていることに対して、理解してもらいやすい雰囲気になってきた気がする。実は私もこういう場所が好きだという人がまわりにいることにも気づくようになった。

肝心の調査はというと、横丁の古参に話を聞くことに夢中になり、終電を逃して始発の電車で帰ることもしばしばだった。何度か、アパートの大家さんが早朝にゴミを出すタイミングと帰宅のタイミングが重なり、朝まで何をしているのかと心配させてしまったこともあった。しかし、時間を忘れて横丁に長居してしまう日が続いたのは、横丁での調査がとても充実したものだったからだ。いろいろ話を聞くと、普段歩いているだけではわからない横丁の歴史や内部事情を知ることができた。ますます、横丁の魅力に惹かれていった。

大学を卒業した現在でも、月に一度はハモニカ横丁を訪れている。本書はこれまでの調査を通じ、路地・横丁という空間の特異性と、横丁が形成されるに至った歴史的経緯についてまとめたものである。それでは、路地裏に迷い込むとしよう。

※なお、この商店街の呼び名は「ハーモニカ横丁」と「ハモニカ横丁」の二通りあるが、ここまでの表記にあるように、本書では後者を用いることとしている。このどちらかを選ぶには非常に難しい問題が関係しており、苦渋の決断であった。詳しくは第二章の終盤で触れている。

吉祥寺「ハモニカ横丁」物語◉目次

※本文中の店舗情報は二〇一五年三月現在のものです

第一章　路地・横丁ブームの到来

路地・横丁ブーム

「横丁」と聞いて、何を思い浮かべるだろうか。私であれば赤提灯に焼鳥を焼く煙が立ち込める路地の様子を思い浮かべる。そんな横丁の姿は都市部では街の隅っこに追いやられたかのように、線路の脇やガード下などに見つけることができる。その多くは、古びた一杯飲み屋が立ち並んでいる。

個人的には、かつての横丁というと、お世辞にも綺麗とはいえない店にサラリーマンが肩を寄せ合い、愚痴をこぼしながら酒を酌み交わしているイメージがあった。そんな横丁の姿もそれはそれで好きだったりする。都市に住まう人々が感じている日常のストレスを、横丁で憂さ晴らしすることで精神的にバランスを保っているのかもしれない。路地の飲み屋街には、現代人の心を満たしてくれるものがあるようだ。

ところで、その横丁に対して、ここ数年で人々が持つイメージが大きく変わりつつあるように思う。近年、横丁と呼ばれる商店街や飲み屋街は、マスコミから頻繁に取り上げられ「横丁ブーム」などという言葉を目にすることも多い。ブームといえるまでの大きなトレンドとして認識され始めたのは二〇一〇年頃からだろうか。その頃から、さまざまな雑誌で横丁特集が組まれた。

横丁という言葉は東日本大震災の被災地でもよく目にする。震災によって店を失った人々が商売を再開するため、東北の各地に仮設の復興商店街が建てられた。これらは、東北へ観光に訪れた人たちで賑わっている。私もそのうちのいくつかを訪れたが、その時に印象的だったのは復興商店街の中には「〇〇横丁」というネーミングがされ、狭い道一本を隔ててプレハブ店舗が建てられているものが多数存在することだ。

例えば、宮城県気仙沼《けせんぬま》市にある「復興屋台村　気仙沼横丁」は津波で店舗を失った物販店や飲食店がテナントとして入っており、港町気仙沼ならではの海産物を中心とした品揃えが評判で、大勢の観光客で賑わっている。周囲には更地が多く見受けられたので、無理して狭い敷地に多くの店を詰め込んだために間口の狭い店が連なる一帯ができてしまったというよりは、賑わいを演出する目的から、あえて横丁空間を創り出したように見て取れた。

復興屋台村 気仙沼横丁

また、復興商店街の中には横丁というネーミングこそされていないものの、同じ気仙沼市の「南町紫市場」や福島県いわき市の「夜明け市場」などの横丁空間を活用した復興商店街もある。東日本大震災により心に大きな傷を負った被災者は多いだろう。気持ちが沈みがちな被災者にとって、横丁という空間は心のよりどころにできるような暖かい場所なのかもしれない。

横丁はテレビ番組で取り上げられることも少なくない。横丁の取り上げられ方で印象的なのは、若い女性客からの人気を獲得しているということだ。女性にも入りやすい店づくりや横丁の運営をしているところも多い。具体的には、横丁の中に女性でも安心して利用できるキレイなトイレを整備することで女性客を引きつけている横丁がいくつか見受けられる。例えば、仙台市にある壱弐参《いろは》横丁はレトロな佇まいを残す街並みで多くの人を魅了する一方で、ガス管や排水管などの設備の老朽化が問題視されていた。また、周辺の飲食店が共有しているトイレも古かったことから、女性客の数は少なかった。しかし、東日本大震災の後に排水管とトイレを更新することで横丁全体のイメージアップにつながり、近年では女性客も増えてきている。このように、女性に配慮した横丁が増えていることも横丁ブームの大きな要因といえるだろう。また、最近ではビルの中に横丁の佇まいを再現した商業施設も話題を呼んでいる。不衛生で薄暗い横丁のイメージが、明るく変化しているようだ。

横丁ブームについての特集が組まれたテレビ番組を見ていて、もう一つ印象に残ったことがある。そこではレポーターが横丁で飲食を楽しむ人たちに、各々《おのおの》が感じる横丁の魅力について インタビューしていた。インタビューに答える人は、横丁を訪れる理由として、知らない人とでもすぐに打ち解けられる雰囲気が好きだからといったような、親しみやすい雰囲気を好む人が多いようだった。そこで興味深いのは、そのように答えているのは年配の人だけでなく、若い世代も多くいたことだった。彼らの多くも居合わせた人とのコミュニケーションを目的としているようだった。若い世代は、幼い頃からインターネットが普及した環境で生活しており、近年ではフェイスブックをはじめとしたソーシャルネットワーキングサービスを利用する人が多い。実際に会わずともどこにいても人とコミュニケーションを容易に取れるようになった。そんな現代ではあるが、それでも横丁のような対面で見ず知らずの人とコミュニケーションを取ることに抵抗感がないどころか、それを楽しむ姿は、どれほど通信機器が充実しても、我々人間にとってはそれだけでは満たされないものがあるということを示しているような気がした。

路地・横丁空間の再評価

高度経済成長期、路地空間はビルの建設にともなって潰される一方だった。土地の効率的な活用を追求し、隙間なく建物を敷き詰めて街の隅々まで計画しつくされたまちづくりが主流だった。ところが、一九八〇年代から数人の建築や都市史の専門家が路地の魅力について主張するようになった。二〇〇〇年頃からますます路地再評価の機運《きうん》が高まり、建築や都市計画の専門家の一部から路地を活かしたまちづくりが提唱されるようになった。全国の路地を活用したまちづくりの事例を報告する「全国路地サミット」という催しも毎年開催され、専門家だけでなく一般の参加者も多く好評だという。また、近年では路地を活かしたまちづくりについて書かれた本が立て続けに出版されたりもした。

ところで、人々はいつから路地に魅力を見出し始めたのだろうか。多くの人々が路地へ関心を抱いていることを裏付ける興味深い資料がある。一九八〇年代には既に路地の魅力が一般人にも認識されている様子が書かれている。少し引用したい。

「高度成長まっさかりのころです。「一億総〇〇」とかいうキャッチフレーズが大はやりで、大衆の嗜好はある色一色に塗り上げられていたものです。隣の人と同じ生活をし、同じ店へ行き、同じ所有財を持つことが、だれにとっても至上命令だったわけです。(中略)ところが、約一〇年前の石油ショックから、この傾向が変わってきました。他人と同じ生活をするのを心地良く感じる人が、急速に減ってきたのです。嗜好やニーズが、各人各様、ばらばらになってしまったというわけです。」(博報堂生活総合研究所『タウン・ウォッチング・時代の「空気」を街から読む』ＰＨＰ研究所、一九八五年、三四－三五頁)

同書では、「画一性を特徴とする大衆は、差異性を軸にうごめく細分された人々へと分化してしまった」状況を、「分衆」という言葉で表現している。また、その結果として、こう述べている。

「路地裏の店は、ふつう間口も狭く、場所もわかりにくく、夜の街頭照明も暗いのが普通です。一昔前なら、いくら権利金を安くされても、店を開こうとは思えなかった場所でしょう。ところが、ここにきて、この不利な条件が突然、注目されはじめたわけです。」（前掲書、五一頁）

高度成長期まで多くの日本人は、郊外に家を買い、白物家電を揃え、マイカーを持つという理想をある程度共有していた。ところが、いざそれが満たされると、流行に敏感な若者は他人との差異をいかに見出すかを考えるようになった。こういった動きが街にどのような影響を与えたかといえば、それまでは、多くの人にとっていかに入りやすいかを追求した、大通りにある百貨店などの最大公約数のニーズに応えた店が繁盛したが、分衆の時代の訪れとともに、入りにくい店に注目が集まるようになったという。入りにくい店とは具体的には、路地にある店、坂にある店、駅から半径六〇〇メートル以上離れた立地などの特徴をもった店である。

こういった時代の変化にともない、路地は徐々に悪立地ではなく、好立地に転換できることが認識され始める。これは個人経営者に留まらず、大手の居酒屋チェーンなどにもいえることだ。実際に路地に入り、一見、個人経営者による店かと思う佇まいや店名であったとしても、ネットでその店名を検索してみると、店の経営を担っている大元は、多数の飲食店を手がける大資本であることがある。店名をチェーン店ではなく個人経営の店のようにあえてオリジナリティを感じさせるネーミングにすることで、チェーン店らしさを排除しようとする店が路地には見受けられる。商業地において、路地は個人経営者だけのものではなくなっているようだ。

サードプレイスとしての路地の飲み屋

近年、よく聞かれるようになった言葉に「サードプレイス」という都市社会学の専門用語がある。この言葉はコーヒーチェーンのスターバックスが店舗作りのコンセプトとしていることでも知られている。サードプレイスという概念を提唱したのはアメリカの社会学者、レイ・オルデンバーグであり、一九八九年に出版された著書「The Great Good Place」(邦訳『サードプレイス・コミュニティの核になる「とびきり居心地よい場所」』、みすず書房)の中でこの言葉を使った。第一の生活の場所である家庭、第二の生活の場所である職場、そして「心

サードプレイスとしての路地の飲み屋

のよりどころとして集う場所」を第三の生活の場所とし、これをサードプレイスと名づけた。彼はサードプレイスの具体例として、フランスやイタリアのカフェ、イギリスのパブを挙げた。アメリカで再開発が進む中で、こういったサードプレイスとして機能していた店が失われ、都市の魅力が損なわれる現状を指摘した。

路地にある小さな飲み屋にいると、さっきまで赤の他人だった客同士がいつの間にか話に花を咲かせている様子がよく見受けられる。初めて訪れる店で、ぎこちなく注文している人に対して、常連客がオススメのメニューについて教えてあげることから、自然と会話が始まったり、別々のグループでお酒を飲みに来ていたはずが、いつのまにか打ち解け合い、一緒になって乾杯しているところを見かけたりする。こういったことが起こる理由の一つに、人と人との距離が近いことがあるだろう。たまたま店内に居合わせた他人を無視しきれない距離感が横丁にはある。あまりの距離の近さに、長時間居合わせているにも関わらず一度も言葉を交わさない方が不自然に感じられるのかもしれない。

普段の生活の中で、その時はじめて会った見知らぬ人とコミュニケーションを取るということはあまりないだろう。一方、横丁では普段自然と持っている警戒心がなく、店内でのちょっとしたことがきっかけで、いつの間にか見ず知らずの客と会話が始まる。路地の飲食店でコミュニケーションをとると、その場がただ単に食欲を満たしてくれるだけの空間ではなくなる。その場はサードプレイスとして機能するようになる。

このようにコミュニケーションは生まれやすい状況にはあるが、そうかと言って、横丁では相手の個人情報にまで踏み込んで会話をしている人はあまりいないように思う。それは、横丁に訪れる人の多くが、いつもとは違う自分を演じたいからなのではないだろうか。家庭の中での自分でもなく、職場の中での自分でもない、第三の自分である。そこでは、他の常連客や店員とのコミュニケーションを通じて、家庭や職場の中での自分ではなく、一人の人間としての自分を確認することができる。個人情報を出してしまっては、横丁での人間関係に実生活を接続することになる。実生活とは切り離された第三の場所としての横丁だからこそ、普段の忙しい日常から離れて居心地がよくなる。そんなところに人々が心のよりどころとする理由があるように思う。

地方都市の路地

衰退にあえぐ地方都市でも路地・横丁の魅力を実感したことがある。

以前に数回、新潟市を訪れる機会があったので、中心市街地を中心に歩いてきた。他の多くの地方都市と同じように郊外化が進み、中心市街地は衰退しつつある。

新潟市の中心市街地・古町《ふるまち》の衰退を実感したのは百貨店・大和《だいわ》（金沢本社）の撤退だった。大和は新潟県内では一九四三年に新潟市、一九五八年に長岡市、一九七五年に上越市で開業し、県内の中心市街地で昔から存在感を示していた。ところが、郊外化が進み、徐々に市民の足は中心市街地から遠のき、大和も苦戦を強いられていた。それでも粘り強く営業を続けていたが、やはり経営不振に歯止めがきかず、二〇一〇年四月に長岡店と上越店の営業を終了し、同年六月には新潟店の営業を終了し、県内から完全に撤退してしまった。

新潟市の店舗が閉じるときは、立地する交差点の対角にある一八二〇年創業の老舗書店・北光社《ほっこうしゃ》の撤退と時期が重なったこともあり、中心市街地の衰退が毎日のように県内放送のテレビ番組で取り上げられた。書店と百貨店は地方都市の中心市街地に限らず、どこも苦しんでいる。それぞれの業界の問題が、地方都市の中心市街地でいち早く露呈したということだろう。

相次ぐ撤退で中心市街地の衰退が問題視されていた頃、中心市街地の一等地から一キロメートルほど離れた路地では面白い動きが見え始めていた。店の前面が怪しげなステンドガラスで不気味に光る店、スペインバル風の佇まいに一見ミスマッチな焼き鳥の提灯を飾っている居酒屋。店主の主張を感じられる店が生まれ始めていた。

一方で郊外は、「平均的であること」を強要される空間。店はどれも全国チェーンをはじめとした無個性なもの。それと同時にそこにいる人もごく平均的な属性と行動を強要される。そんな郊外にあったら浮いてしまい、白い目で見られることは間違いない個性的な店が気づかないうちに古町界隈でちらほら見受けられるようになった。郊外でみんな横一線になって行動し、消費することに飽きた若者の気配を感じた。何もかも画一化された郊外には許容されない個性が、中心市街地の外縁ににじみ出てきているようだ。

新潟市の中心市街地・古町は白山神社に近い一帯を上古町《かみふるまち》、遠い方を下古町《しもふるまち》というが、上古町の方が家賃の安い店舗が多い。この家賃の安い上古町一帯では若者の個性的な店が多く目につくようになった。しかも、かつて百貨店や老舗書店があった中心市街地の中心地ともいえる大きな交差点から離れれば離れるほどに個性的な店ができていた。上古町の中でも路地に入ったところにある店舗となれば家賃の安さはなおさらだ。家賃の安い路地沿いの店舗には若い人が自分の店を出しやすくなるわけだ。

この古町界隈を歩いたのは平日の昼間だったが、買い物をしながら思い思いに商店街を歩く若者の姿を見ることができた。コンビニを探すときに狭い路地へ入る人はいないように、人は郊外にいれば郊外なりの最大公約数の店を求め、中心市街地にいるときは中心市街地なりの店を無意識に求めているはずだ。彼らはきっと郊外では抱くことのない、何らかの期待を持って中心市街地の路地を歩いていたと思う。その数は決して多いとはいえなかったが、今では人影もまばらになった中心市街地で他の友人とは群れずに買い歩きする姿は、この場所で消費すること自体が、彼らにとって個性を表現することになっている気がした。そんな彼らの期待に応える店が上古町には芽生え始めている。郊外という消費社会で、無個性に消費するだけでは満足できない若者が、古町で個性的な店を開く商店主に同調しているようだ。衰退ばかりが注目される地方都市の中心市街地において、興味深い動向を観察することができた。路地における若者の個性的な店の進出を発見できたことは、今後の中心市街地の在り方のヒントを与えてくれる気がした。

路地・横丁とは何か

そもそも「路地」とはどういった場所のことを指すのだろうか。テレビや雑誌で「路地裏の名店」だったり、「路地にあるおいしいお店」などという特集を目にすることがある。こういった特集を組むグルメ番組や雑誌は過去に数多く存在するが、この場合、なぜ「路地裏」や「路地」という言葉をわざわざタイトルに組み込む必要があるのだろうか。単に評判の良い店を知らせたいだけであれば、良い飲食店が路地にあろうがどこにあろうが特に気にする必要はないだろう。それだけに、この言葉をあえて使うことから、「路地」という言葉にはなにか特別な意味がありそうだ。

路地のような人通りの少ない道沿いに出店することは、一見、商売には不利であるように思う。しかし、話題になっている路地にある店は、むしろ路地にあることで話題性を高めている。「路地にある店」というフレーズは、魅力的な特徴をもった店との出会いへの期待を抱かせる目的で使われているように思う。自分が想像している以上の期待を大きく上回るような個性で圧倒してくれるようなお店があるのではないかという期待感である。実際に街を歩いて飲食店を探しているときに路地に差し掛かると、「この路地には強い個性を主張するお店があるのではないか」という期待を持って路地を覗き込んでしまう。大通りにある大手チェーン店と同じことをしていては、わざわざ路地に来る必要はないだろう。路地にある店は必然的に何らかの工夫やこだわりを見せることが求められる。であれば、街を行き交う人々が路地に抱く期待もまた必然なのかもしれない。

そして、その期待に見事に応えてくれる店を路地に見つけたときの喜びは大きい。その街が自分にだけ、いつもとは違う表情を見せてくれたように感じる。「なんだ、お前俺のこと好きなのか？　やっぱりそうか、おれもお前のこと好きだよ！」などと、思わずその街に語りかけたくなる。その街と相思相愛になった気分になる。そんな路地で出会った良い店に、知り合いが居ようものなら、「あ、浮気しやがって！」と思って、勝手に嫉妬してみたり。路地で気の合う店との出会いを重ねることで、その街を自分のテリトリーとすることができた気分になる。路地でいい店との出会いがあったときは、一気にその街と自分の距離感を近づけてくれるという特性がありそうだ。

前述のように路地の魅力を活用した大手チェーンの店もないことはないが、路地へ行って惹かれるのはやはり個人経営の店だ。大手チェーンの店は路地でひっそりとした隠れ家的な店をやろうとしても、やはりチェーン店らしさが出てしまう。店の内装にも外装にもレプリカの建材を使うこともよく見られる。木目調の薄っぺらな外装材など、どこかパッケージ化された店構えはすぐに作り物だと見抜かれてしまう。一方で個人経営の店は、店の作り方がパッケージ化されていないから、本物の木を使うなど建物の外装で判別できることも多い。

店を探しているときに、どこの店でもよければ交通量の多い大通り沿いにある大資本によるチェーン店を見つけるのが手っ取り早い。一方で路地にある店には、特にこだわりのない人が何の意図もなしにたどり着くことは難しい。つまり、路地に店を持つことは、客を選んでいることになる。店の経営者から見れば、路地は利用者を選ぶフィルタのような機能がありそうだ。ただ売れれば良いのではなく、自分のこだわりへの一定の理解を客に求めるため、どんな店でも良いというような客にふらっと入られても困るので客を選ぶ。知らないと行けないし、知られていないと来てもらえない。路地というのは、何らかの意志のある店主と、何か強いこだわりを持つ店との出会いを求める利用者との、待ち合わせ場所のようにも思える。

しかしながら、これは路地に店を構える経営者の多くが、そういった路地の特性を読んで出店したという積極的な選択であるというよりは、むしろ消極的な選択である場合がほとんどではないかと思う。東京などの大都市では不動産の相場は高く、個人で独立する人はチェーン展開する大企業とは違って資金力はない。一等地は大手が押さえているため、路地に店を出すことは進んで行うことではないかもしれない。しかし、消去法で選んだ路地に店を出すという選択も、やってみたら意外と良かったという店主も少なくないのではないだろうか。

街を歩いていると、大通りには企業の広告が立ち並び、夜になるとそれらの広告をライトアップする光で明るい。自動車の行き交う音、横断歩道の音など自然と五感が反応する。これはある意味ではそれぞれが存在を妨害しているようにも思える。大通りで何かを表現しようとするときは、そういった様々な障害物に制限を受けることになる。

しかし、路地はどうだろうか。不特定多数の人々が行き交う場所ではないので企業の広告はないし、横断歩道もない。行き交う人がいないので雑音もない。夜になれば暗く、ひっそりとしている。良い雰囲気のある店をやろうと思ったら、路地という空間そのものが内装にも外装にも雰囲気を出しやすい。店の中だけにいくら良い雰囲気を持たせようと思っても、外装やその店の立地、取り巻く環境が伴っていなければ興醒《きょうざ》めだろう。どのような道を通って、どのような外装の店を見て、道中にどのような体験をしたかによって店内で味わう感覚がかわる。店に入る前にひっそりとした路地を通れば、自然と店に入った時の雰囲気の感じ方も変わるだろう。

また、近年これだけインターネットが普及したことも路地にある店にとっては追い風になったことだろう。インターネットサイト・食べログなどを事前に見ることにより、店の位置だけでなく店舗の外観なども知ることができるようになった。それにより、飲み会の幹事を任されて店選びをするときなど、路地にある目立たない店でも選びやすくなった。そういった意味ではインターネットの普及により、立地条件に売上が左右されやすい、従来の経営モデルに変化が生じたといえるかもしれない。

ところで、「路地」の定義とは一体なんなのであろうか。辞書で調べると「大通りなどから折れた、人家の間の狭い通路」と書かれている（『岩波 国語辞典 第七版新版』）。しかし、これでは路地という言葉の定義としては物足りないように思う。路地という言葉はこれまで長い間、様々に語られてきたことから、元の意味を超えて受け止める人が多いのではないだろうか。雑誌「談」編集長・佐藤真氏のブログに以前、路地に関する記事があった。路地は日本のまちづくり関係者からだけではなく欧米の関係者からも注目されるようになり、後者は路地を意味するとき、英語で「ＡＬＬＥＹ」（裏通り、小路）と表記せずに「ＲＯＪＩ」と書くのだという（雑誌「談」編集長によるブログ http://dan21.livedoor.biz/archives/17301604.html）。「ＡＬＬＥＹ」といってしまっては、そこで息づくコミュニティなど、路地という言葉が持つ独特の質感を表現することができないからだそうだ。ちなみに英語にもなっている日本語としては他に、「ＵＭＡＭＩ」、「ＯＴＡＫＵ」といった言葉があるが、これらと同様に「ＲＯＪＩ」も日本が世界に誇る文化といえるだろう。

ここまでは路地という言葉を使ってきたが、商業地における路地は「○○横丁」として多

仙台「壱弐参横丁」

くの人々に親しまれているところが多い。東京都内で人気の横丁といえば、上野「アメヤ横丁（アメ横）」、新宿「思い出横丁」、吉祥寺「ハモニカ横丁」などが思い浮かぶ。地方都市でいえば、仙台市「壱弐参横丁」、新潟市「人情横丁」、八戸市「ハーモニカ横丁」などがあり、「〇〇横丁」というネーミングこそされていないものの、盛岡市「桜山《さくらやま》神社参道」も路地に店舗が連なる一帯として人気だ。

実はこれら、首都圏に限らず全国各地に存在する横丁の多くは、終戦直後に主要駅周辺で自然発生的に広まったヤミ市をルーツとしている。大学進学時に地方都市から東京に出てきて驚いたことは、コンクリートジャングルだと思っていた東京にも、主要な駅周辺にはレトロな佇まいを残す横丁が必ずといって良いほど存続しているということだ。驚きとともに、東京は多種多様なものが混在しており、実につかみどころのない存在に思えた。東京は空襲で大きな被害を受け、多くが焼け野原や更地と化した。そこから最初に生まれたのがヤミ市であれば、都内に点在するヤミ市を起源とする横丁の形成過程を辿ることで、東京という都市の理解を深めることができるはずだ。

少々前置きが長くなってしまったが、本書では東京・吉祥寺にある「ハモニカ横丁」を重点的に取り上げる。近年の横丁ブームの牽引役ともいえるヤミ市起源の商店街である。東京都内在住でなくとも、名前くらいは聞いたことがあるという人は多いだろう。ハモニカ横丁の何が人々を惹きつけるのだろうか。「狭いから」、「人と人の距離が近いから」、「歴史があるから」、「モダンで洒落《しゃれ》た店があるから」……他にもあるかもしれない。しかし、そういった簡単に出てくる言葉には虚しさを感じてしまう。簡単にわかった気にもなれない。ハモニカ横丁の何が人を惹きつけるのか少しでも解明してみたい。

第二章　横丁ブームの火付け役

吉祥寺「ハモニカ横丁」の人気

東京都在住者の選ぶ「住みたい街アンケート」ランキングで首位の常連として広く知られる街、吉祥寺。マガジンハウス発行の雑誌「Ｈａｎａｋｏ」は定期的に吉祥寺特集を組んでいるが、この特集号が同誌全体で最も売上げが良いという。駅周辺に広がるいくつもの商店街は平日でもとても人通りが多く、老若男女に人気の街である。

吉祥寺という街にあまり興味のない人でも、井の頭公園を目当てにこの街を訪れたという人は多い。吉祥寺駅南口を出て徒歩五分のところにあるこの公園は、春には桜の名所として多くの人が訪れる。吉祥寺の南口の顔であり、この街に欠かせないランドマークである。

この街の構造の大きな特徴として、百貨店が駅からある程度離れた場所に点在していること

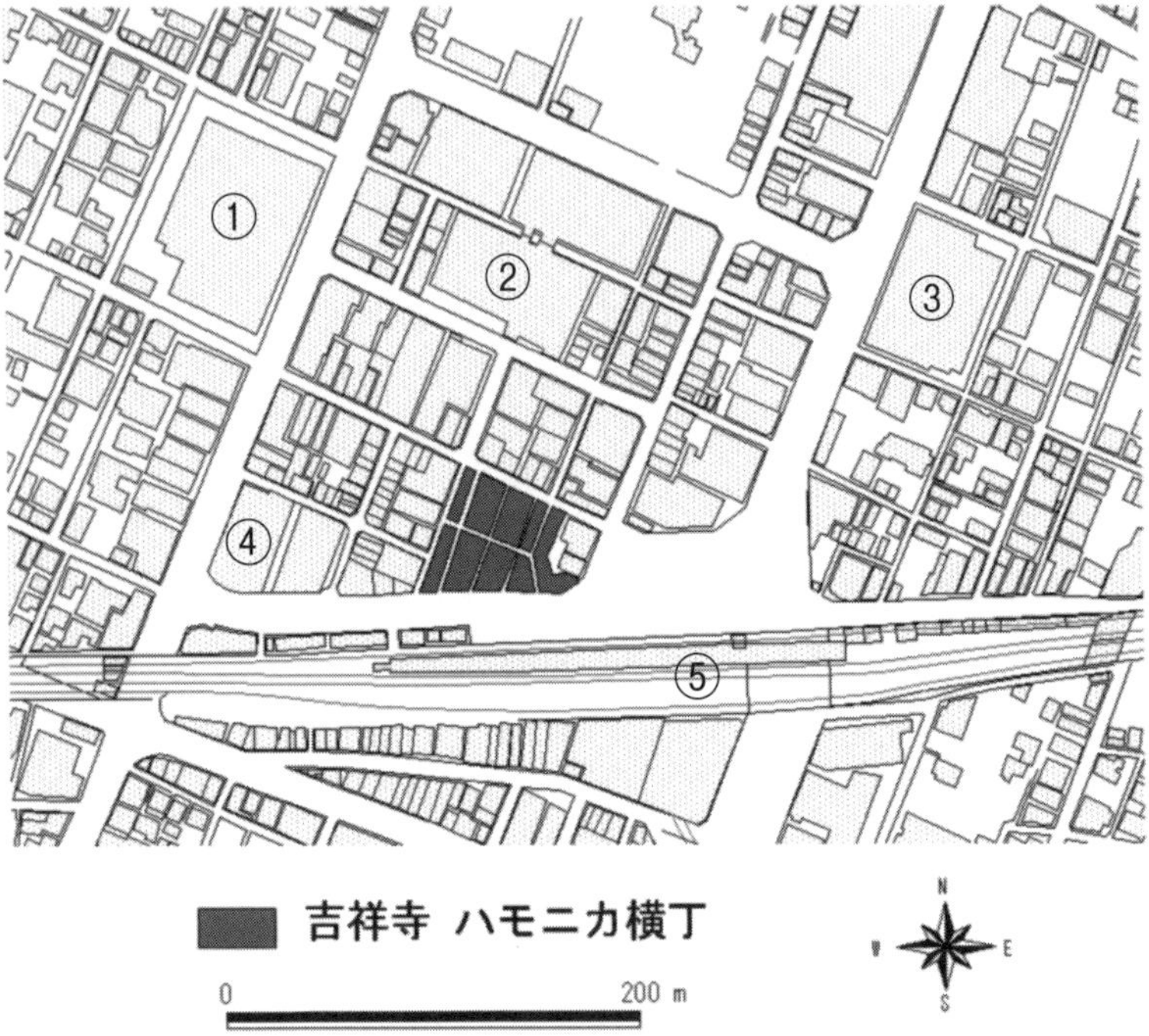

吉祥寺全体図

①東急百貨店
②コピス吉祥寺（旧：伊勢丹）
③ヨドバシカメラ
④パルコ
⑤吉祥寺駅

とが挙げられる。それなりの規模の街となれば駅前には百貨店などの商業ビルが立ち並ぶ様子を思い浮かべるかもしれないが、吉祥寺駅前には大きな建物はなく、実際にはいくつもの商店街が広がっている。その外周部に百貨店が駅を中心にして弧を描くようにして位置する。百貨店という一定の集客を見込める商業施設が駅を中心に弧を描くように立地することで弧の内部に回遊性が生まれている。また、弧の外部には商店と住宅が混在する落ち着いた雰囲気があり、弧の内部とは異なった魅力を持つ商業地が広がっている。

本書で取り上げるハモニカ横丁は、近年になって井の頭公園と並んで吉祥寺のランドマークといえるまでの存在感を示しつつある。吉祥寺駅北口を出て徒歩〇分。駅の正面にハモニカ横丁はある。終戦直後から続くヤミ市起源の横丁である。三〇〇〇平方メートルほどの土地に一〇〇軒前後の店舗が軒を連ねる。路地の道幅は約一・五メートルで傘をさして歩いては人とすれ違うことはできない。居酒屋、パスタ屋、魚屋、花屋、漬物屋などのさまざまな店が軒を連ねている。ハモニカ横丁内部の通路は、全て私道である。そのため、店舗の所有者は店舗の敷地面積の地代と、それに加えて店舗の面する通路の地代も負担している。両側に店舗が建っている通路がほとんどなので、向かい合う両側の店舗の所有者は、お互いが挟んでいる通路の地代を折半していることになる。当然のことながら、角にある店舗では、角を成す二面に面していることから、通路の地代を多く負担することになる。

吉祥寺「ハモニカ横丁」

前述のように初めて足を踏み入れたときは、昭和三〇年前後に建てられた古びた木造の建物が連なるレトロな佇まいを想像していたのだが、実際に見て驚かされた。建物の多くは想像した通りの佇まいだが、いくつかモダンで洒落《しゃれ》たカフェやイタリアンなどの飲食店があるではないか。そんな横丁のモダンな店で飲食をしていると、ここが終戦直後から続く横丁だということを忘れてしまいそうになる。レトロな街並みにモダンな建物が混じっていて、なんとも不思議な魅力を感じる。

午前中の早い時間に行くと、花屋や干物屋などの物販店が開店準備をしている。店によっては駅前の平和通りに車を停めて、荷台から品物を取り出し、急ぎ足で店へ運んでいる。開店準備に追われている干物屋の向かいの居酒屋では、昨夜から飲み続けている客がいる。早い時間でも横丁へ足を踏み入れる人はいるが、大抵は出勤経路か何かで横丁を抜け道として利用していることが多い。午前一一時を過ぎてランチタイムになると、横丁へ足を踏み入れる人が一気に増える。ラーメン屋、パスタ屋、海鮮丼屋などの飲食店でランチを求める客が狭い路地に行列を作る。ランチタイムが過ぎる頃に、夜営業の居酒屋では仕込みが始まる。肉を切り、モツをグツグツ煮ている。一八時ころには物販店は店を閉め始め、居酒屋に大勢の客が入ってすぐに店内は活気づく。焼鳥の煙が立ち込める。あまりの混雑ぶりに、立ち飲みの客は軒先の通路にまではみ出してしまうこともしばしばだ。

ハモニカ横丁が今日の人気を獲得するにはきっかけがあった。一九九八年にヤミ市の面影を残す横丁には一見ミスマッチとも思える白く塗装された鉄骨造のモダンな飲食店「ハモニカキッチン」がオープンした。すると、これまで横丁に足を踏み入れることの少なかった一〇代後半〜二〇代の若者の間で人気になった。若者の間で話題になればマスコミもこぞってハモニカ横丁を取り上げる。その後は新旧問わず横丁にある店の知名度は上がる一方になった。

近年では都内のみの知名度に留まらず、全国放送のテレビ番組でも度々《たびたび》取り上げられるため、全国的に知名度を伸ばしつつある。元々、吉祥寺はドラマ、漫画、映画などの舞台としてよく用いられるが、ハモニカ横丁も例外ではない。横丁ならではの佇まいは各方面から注目されている。

この商店街は戦後のヤミ市を起源としており、今もなお吉祥寺駅の正面に広がっている。戦後、ヤミ市は主要駅の駅前で自然発生的に形成されたが、これを起源とする商店街の多くは戦後の復興と共に再開発により消えるか、もしくは駅から離れたところに移転されているケースが多い。そんな中で、吉祥寺という規模の大きな街にも関わらず、駅前の広域に終戦直後から変わらず現存することは、かなり稀なケースである。それゆえ、かつては再開発が一向に進まないハモニカ横丁に対して、街の目が冷ややかだった時期もあり、時には街のお荷物とまで非難されることもあったようだ。しかし、時代は変わり世代がひと回りして、価値観が大きく変化しつつあるせいか多くの人々に受け入れられ、近年では吉祥寺の代名詞的な存在といえるまでの知名度を獲得している。

おもしろい資料を目にしたことがある。前述のようにハモニカ横丁は再開発が進まずに、街のお荷物とみなされた時期があったが、その頃に発行された地元のミニコミ誌を見て驚いた。そこにはハモニカ横丁の裏手にある、とある店の広告が掲載されており、駅からその店へ行くまでの略図が載っていた。その略図には吉祥寺駅が大きく書かれていたのだが、その正面に三〇〇〇平方メートルに広がるハモニカ横丁がなんと太線一本で描かれており、まるで存在を無視されているかのような扱いをされていた。これを見ても、当時のハモニカ横丁が周囲からどのように認識されていたかがわかる。

それが最近の吉祥寺特集を組んだ情報誌ではどうだろうか。ハモニカ横丁のそばにある店の紹介をする記事で、店の位置の説明として「ハモニカ横丁裏」という表現が使われるケースがあった。位置を示す表現として分かりやすいか否かは別として、場所の説明をする時にハモニカ横丁を中心とした表現が用いられるようになったことは、ランドマークとして認識されつつあることを示しているだろう。

ハモニカ横丁がマスコミから取り上げられると、近年できたモダンな店が話題に上がることが多いが、戦後から長く続く商店街だけに、これまで変わらぬ人気で店を存続させている老舗も多い。有名人御用達の知る人ぞ知る干物屋、一坪で年商三億円の和菓子屋、名物のメンチカツを求める客で大行列ができる精肉店。それ以外にも、この横丁には人気の老舗がまだある。すなわち、ハモニカ横丁の人気は、新旧の店どちらかに偏ることなく支えられているのだろう。

一方で、横丁には昔から絶えず再開発の話が持ち上がっている。これまでハモニカ横丁の歴史について詳しく調査した人はおらず、歴史の細部まで触れた資料が発表されていないことを考えれば、横丁の再開発の是非の話をする前に、一度この横丁のあゆみを知ることが大切になる。歴史を知らずに今後のハモニカ横丁の在り方を考えることは難しいだろう。

もう一つ気がかりなことがある。近年開店したモダンな飲食店の進出は確かに横丁を訪れる人の増加に一役買ったのは事実である。マスコミに取り上げられる頻度も格段に増え、横丁への寄与を考えれば、それらの新しい店が評価されることは妥当である。しかし、その一方で残念なこともある。モダンな店の進出前の横丁が過小評価されている点である。モダンな飲食店の進出前の横丁は瀕死の状態であったという人がよくいるが、それは本当だろうか。

以前、ハモニカ横丁を取材で訪れた雑誌のライターから面白い話を聞いた。彼女は一九七一年生まれの中野《なかの》育ちなのだが、子供の頃、よく親から吉祥寺駅前の横丁はヤミ市から続く商店街だから足を踏み入れてはいけないと、いい聞かせられたそうだ。

少し話が脱線する。私見かもしれないが、東京の東に住む人と西に住む人にはお互いが住む地域を巡ってライバル意識が見え隠れするように思う。西の人は東の方に対して経済的な弱さと町工場などが林立することによる下町の住環境の悪さなどを指摘する。一方で東の、主に下町に住む人々の中には「ついこの前まで、田んぼだったんだから」などと、西の土地の歴史の浅さ、新しさを指摘して小馬鹿にする人を見かけたことがある。

私自身東京に住んでいた頃は西の方に住んでいたので、滅多に東の方（下町）に行くことはなかったが、何度か下町のやきとりとハイボールを楽しもうと立石《たていし》へ行ったことがあった。立石は、葛飾区にある京成電鉄押上《けいせいでんてつおしあげ》線の京成立石駅周辺の一帯で、「江戸っ子」をはじめとした大衆酒場の名店がいくつもある、酒好きの聖地ともいえるところだ。

私が京成線に乗っていて気になったことは普段乗る中央線の客層との違いである。中央線には小奇麗な服装をした大学生とサラリーマンが多かったが、京成線には中央線ではあまり見かけない、ちょっと荒っぽい感じの中年男性がちらほら車内に見受けられた。

こうした東西のそれぞれに対するライバル意識があるように、西の地域の中でもまた、中野の人が吉祥寺という、より西の土地に対する偏見があったことから、吉祥寺の横丁への悪い印象が生まれたのかもしれない。彼女の場合は、大人になりライターとして雑誌の取材でハモニカ横丁を訪れて、終戦直後から続く干物屋、魚屋、漬物屋、ラーメン屋の老舗の数々を見て驚いたという。子供の頃は足を踏み入れてはいけないといわれるほど危険な場所だと聞かされてきただけに今では老舗が残っていないのだろうと思っていたが、実際には地元で長く愛され、六〇年以上続く店がいくつもあるのだ。

また、三鷹《みたか》で育った一九八三年生まれの別の知り合いは、子供の頃、足を踏み入れてはいけないとまではいわれなかったものの、なんとなくとても怖いところだと思いつつ育ったという。横丁に足を踏み入れたことはなくても、なんとなく怖い場所だというマイナスなイメージを一方的に抱き続けてきたようだ。

このように実際には今でも老舗が数多く存在することから、地元の馴染みの固定客を摑み堅実な経営を続けていることが分かる。たしかにかつては現在のように不特定多数の人々が訪れる場所ではなかったようだが、昔の横丁には各業種のこだわりの強い専門店が軒を連ね、客は目利きの人が多い場所であった。全ての物販店に活気があって昔から絶えず横丁全体に活気があったというわけではないが、物販店の中には他店との差別化をできるだけのこだわりを持って目利きの固定客を摑んでいる店は複数ある。つまり、百貨店の進出等の外的要因に影響されることなく、長い間安定した経営を続けることができている店が少なくないことも事実である。

また、興味深いのはかつて一九六〇年代から八〇年代までの間に横丁の店舗の二階に住居を構えて住んでいた人は、逆に横丁の外に出ると危険だからあまり外に出ないようにいわれて育ったという。横丁の中にいる人は横丁の外が危険だといい聞かせられていたし、横丁の外にいる人は逆に中が危険だと思い込んでいたのだ。お互い誤解していた。横丁はほかの場所に比べて薄暗く、人通りも大通りに比べて少ないということと、ヤミ市を起源としているというだけで危険で怖い場所だという印象が一人歩きしてしまったようだ。

以前、一九九〇年代前半に放送された、当時の横丁を取り上げたテレビ番組で夜のハモニカ横丁の映像を見たが、当時も中年の客が大勢いて、大変活気があるように見えた。また、人気のある老舗がいくつもあることは先に述べた通りである。このことからも、吉祥寺界隈で語られる「以前の横丁はシャッター商店街で瀕死の状態にあり、それを救ったのが近年できたモダンな新店の数々」という、わかりやすい物語がハモニカ横丁の人気獲得の背景として少し大げさであることがわかるだろう。そこで、もう少しフラットな視点で、等身大のハモニカ横丁の過去と現在を見ることができたらと思う。

ハモニカ横丁の商店街組織

「横丁」というと一本の路地の両脇に間口の狭い建物が並ぶ様子を想像しがちだが、ハモニ

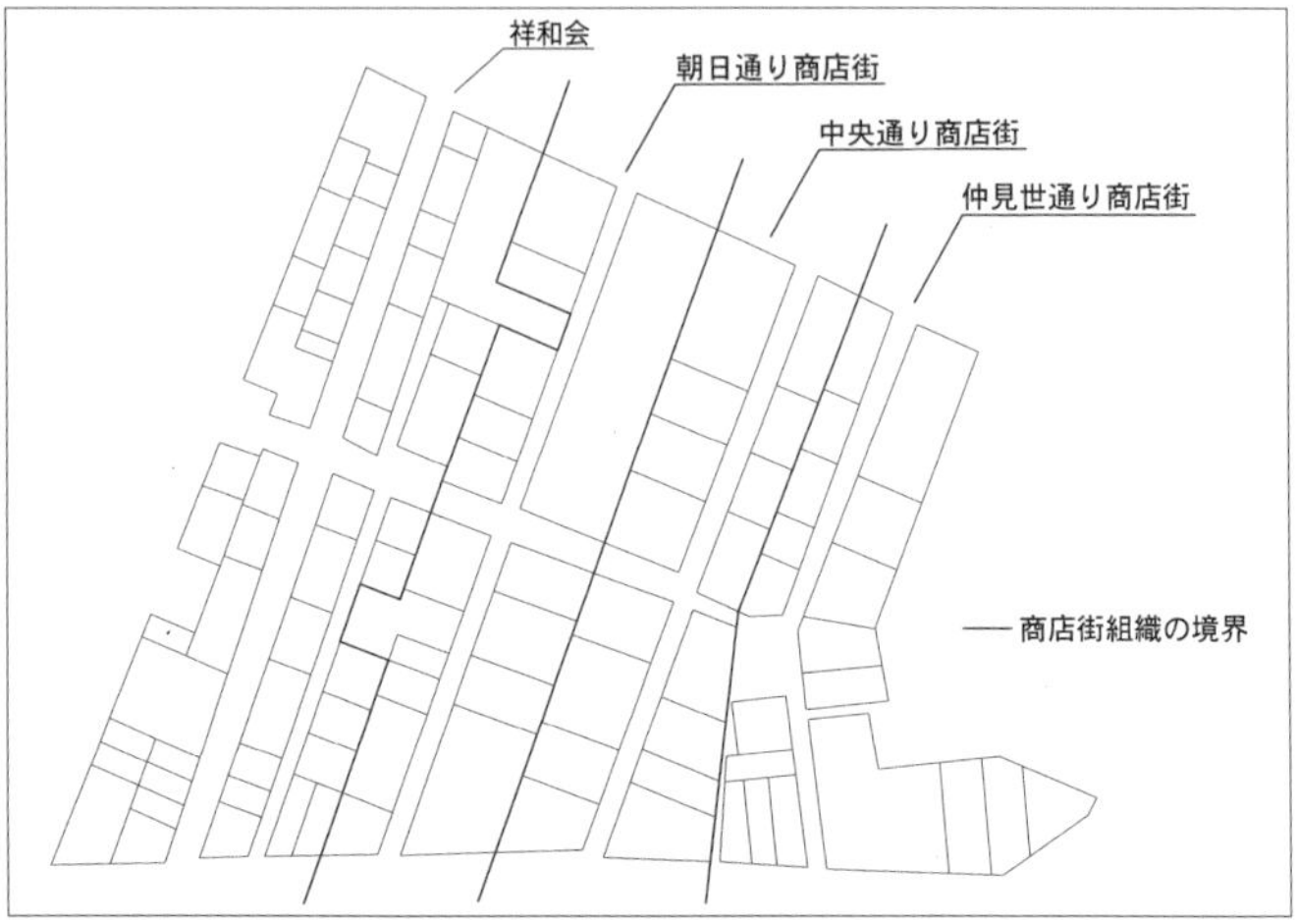

ハモニカ横丁の商店街組織区分

カ横丁は南北に五本の路地が並び、その五本を貫通する通りが東西に通っており、一つの街区を形成するまでの規模の大きなものだ。

それだけにハモニカ横丁と一言でいっても、実際には四つの商店街組織から成り立っている。吉祥寺駅を背にして右側（東）から順に、各商店街の特徴を説明していきたい。

仲見世通り商店街

戦前から商店が建っていた一帯。戦前の建物の基礎を利用して終戦後に新たな建物が建てられた。終戦から一九八〇年代までは、食料品店を中心として、小間物や玩具店などが軒を連ねる、物販店の多い商店街

仲見世通り商店街

であった。物販店が多かった理由として、この商店街には飲食店をするのに十分なインフラが整っていなかったということが挙げられる。以前は食料品店と衣料品店が多く飲み屋はあまりなかったが、近年ではハモニカキッチン系列のモダンな飲食店が進出し、アルコール中心の飲食店も立て続けにできた。飲食店の進出に伴い、ここ数年で水道やガスなどのインフラが整備された。

当初、この通りには一階の店舗と同じ高さで天井が設けられていた。各店舗の二階部分は主に物置として利用されており、通路から二階部分は見ることができない状態だった。しかし、近年のハモニカ横丁の人気ぶりから、これまで利用されていなかった二階部分を客席として利用するようになり、二階の客席から通路を見下ろせるようにするために、通路の天井が撤去された（写真は撤去前のもの）。

中央通り商店街

仲見世通りと同様に、この一帯にも戦前から商店があった。ハモニカ横丁人気の火付け役であるハモニカキッチンをはじめ、他にもモダンな飲食店が軒を連ねる。一九八〇年代までは精肉店や鮮魚店などの食料品店、雑貨店、衣料品店などが多く立ち並んでいた。しかし、ハモニカキッチンが開店すると、この成功事例にヒントを見出した横丁の二代目たちが先代

中央通り商店街

の食料品店を引き継ぐ際に若者向きの飲食店に変えて店を経営するケースが連鎖し、現在では当時から続く食料品店の多くは無くなり、モダンな飲食店が大半を占めている。

二〇〇五年前後のハモニカ横丁の人気に火が付き始めたばかりの頃は、この通りにあるモダンな店には常連客の姿は見られた。しかし、近年では横丁ブームの到来とともにやってきた大勢の新しい客に居場所を奪われたかのように、かつての常連客の姿はあまり見られなくなった。新旧混在した、レトロとモダンが融合する印象を与えるハモニカ横丁であるが、そのモダンな印象はこの商店街に立ち並ぶ飲食店の存在が大きく影響している。また、新しいゆえ常連らしい客は少なく、ハモニカ横丁初心者にも比較的入りやすい店が多い。

朝日通り商店街

この商店街にはかつて「第一アサヒ」というパチンコ店が長い間営業していた。それがきっかけとなり「朝日通り商店街」と名付けられた。

現在は鮮魚店、雑貨、衣料品店、ラーメン屋、居酒屋、洋食屋など、多種多様な店が立ち並ぶ商店街である。戦前、この一帯に商店は存在しなかった。終戦直後は中華マーケットと呼ばれており、中国人の勢力が強かった商店街である。今の店にはその名残を感じることはできないが、借地権の所有者の変遷を辿ると中国人の名前も見られる。終戦直後から一九九〇年代前半までは、朝日通りのほとんどの借地権は華僑《かきょう》の子孫が有していた。しかし彼らの多くは様々な事業に手を広げていたため、バブル崩壊で痛手を負ったこともあり、徐々にテナントに借地権を譲渡する動きが見られ、現在では華僑の子孫が借地権を有する店舗はわずかとなっているようだ。

祥和会

居酒屋、和菓子屋、占い、ギャラリーなどの小さな店舗が軒を連ねる一帯。横丁全体の中

朝日通り商店街

祥和会

でもこの一帯の路地が最も道幅が狭い。

他の通りでは、終戦直後からそれなりに間口の広い店舗が軒を連ねており、終戦直後から現在まで店舗の統合はあまり行われていない。一方、この一帯については極端に間口の狭い店が多かった。そのため、隣り合う店舗を統合して現在では間口が広くなっている店舗が多い。そのため、終戦直後の間口のままの店舗はわずかしか残っていない。

和菓子店「小ざさ」

この一帯は、店舗はとても小さいながらも、今では吉祥寺の名物ともいうべき長蛇の列ができる超人気店が二店ある。和菓子店・小ざさで精肉店・吉祥寺さとうと、和菓子店・小ざさである。この二店の行列は吉祥寺を訪れたことのある人であれば、一度は見たことがあるのではないだろうか。サトウは松阪牛を用いたメンチカツが大人気で休日ともなれば大行列ができることも珍しくない。小ざさは行列に並ぶ人数もさることながら、毎日限定一五〇本の羊羹を求める客が夜の明ける前から並び始めることで大変有名だ。

居酒屋などの飲食店については、他の商店街にあるような若者向きのモダンな店はほとんどなく、横丁一帯の中でも最もディープなエリアである。そのせいか、居酒屋には常連客の姿が多い。横丁初心者にはいささか入店するには勇気のいる店が多いかもしれない。その入りづらさから、この祥和会の飲食店については横丁ブームを消費するだけの客に埋め尽くされる心配はなさそうだ。

吉祥寺界隈では「祥和会」という括りで認識されているが、実際には祥和会一帯の中で、西側の通りが祥和会物販部、東側の通り（のれん小路）が祥和会飲食部というように組織が二分されている。しかし、形成に至る背景やそれぞれの組織が持つ性格に大差がないため、ここでは一括りとしている。

この一帯は他の三つの商店街に比べて連なる店舗の間口が一段と狭い。ハモニカ横丁というネーミングは、元はといえば、この祥和会のみを表現したものであった。それが今では四つの商店街から成るこの街区全体を指し示す言葉となっている。

また、ハモニカ横丁一帯の土地は吉祥寺のサンロード沿いにある寺院・月窓寺《げっそうじ》の所有で、横丁の店はそれぞれで借地の契約をしている。しかし、祥和会に限っては商店街組織としてこの一帯の借地契約をしている。つまり、祥和会一帯における借地権の所有者は会組織であり、個人ではこの一帯の正式な借地権を所有していない。そのため、この一帯での借地権の売買が行われる場合は、あくまで祥和会組織内で有効な権利の売買を行うことになる。この一帯は戦前更地で、テキヤ組織の支配が解かれた後は、商店街組織である祥和会が借地権を取得した。これには、祥和会には元々間口が一間（約一・八メートル）にも満たない飲み屋が何十軒も軒を連ねていただけに、個々に地権者である月窓寺と契約するよりも組織で一括契約したほうが事務的な作業が減り、合理的だったという理由もあっただろう。

連合会の解散

実はこれら四つの商店街組織は、二〇〇八年までは吉祥寺北口駅前商店街連合会として、対外的には一つの組織として活動していた。ところが古くからの商店主たちと近年になって横丁に店を構えた商店主たちとの間で商店街の組織運営に関して意見の相違が徐々に大きくなり解散している。よって、現在は対外的にも、それぞれ独立した商店街組織として活動している。とはいえ、組織間の交流が全くないわけではない。元々、ハモニカ横丁における商店街組織としての活動は、終戦直後に店を経営していた初代店主たちを中心として行われていた。

しかし、時間の経過と共に初代店主は高齢化などの理由から徐々に店を閉め、その多くが現在では店舗の貸主となっている。一時期、商店街組織の幹部の多くを店舗の貸主が大半を占め、実際に商売をしている人が商店街組織の運営に参加できないという欠点があった。そのため、所属する商店街組織に関係なく若手中心に「チームハモニカ」と呼ばれる組織が生まれた。所属するメンバーは借地権の有無に関係なく、横丁で働く若手を中心としており、商店街活性化のために活動している。

ハモニカ横丁の異空間性

横丁の南面に面している吉祥寺駅前の平和通りにいると、バスの通行を告げて横断歩道を歩く人々の流れを止める交通誘導員の声や、携帯電話販売店の店頭で年がら年中販促キャンペーンを訴える女性店員の高い声が聞こえてくる。北面のダイヤ街チェリーナード商店街を歩いていても同様に販売員の売り込みの声が聞こえてくるが、そんな街中にいると自然と耳に入ってくる様々な音は、ハモニカ横丁に足を踏み入れた途端に不思議と聞こえなくなる。道を行き交う人々の様々な話し声も全く気にならなくなる。また、横丁にお昼時に入れば食べ物を調理する匂いが自然と鼻を通り抜ける。夜には焼鳥の煙が立ち込める。この横丁に入ると五感でこの場所の異空間性を楽しむことができる。

雑誌などでハモニカ横丁が取り上げられると、店に関する情報だけでなく空間としての特性に触れられることが多い。ハモニカ横丁が人気を獲得し始めた二〇〇〇年代前半は、六本木ヒルズや東京ミッドタウンをはじめとした大規模開発が次々と施工された。都市が近代化し、ヒルズのようなスケール感の大きな場所が増える中で横丁のようなヒューマンスケールな空間への注目度が増したことが、その要因の一つだったかもしれない。身近な空間から迷路性が徐々に失われている。近年の横丁ブームを鑑みると、再開発によって失われる空間を求め、今も生き残っている路地の盛り場へ人々が集まってきているかのようだ。

かつて、合理性のみを追求した整然とした街が国会で問題視されていたことがあった。街の隅々まで計画的に造られたつくば市では、八〇年代前半にうつ病や神経病を患う人の自殺が多く問題視されていた。周囲が畑ばかりの土地に研究都市が造られ、商業施設などと引き離され、「陸の孤島」とまで呼ばれ、その合理性のみを追求した都市開発が問題視された。街のどこかに赤提灯が灯るような、日常の緊張感やプレッシャーなどのはけ口が必要ではないかといわれた。たしかに、都市は人の集積場であればストレスの集積場でもある。人目につきにくい路地の盛り場を都市で暮らす人々が求めるのは当然なのかもしれない。

横丁は特異な場所であるかもしれないが、中央線沿線で吉祥寺以外の街を歩いていると、ハモニカ横丁のような空間は決して珍しくないことがわかる。高円寺《こうえんじ》駅を降りると、ハモニカ横丁に匹敵する狭さの路地密集地に、ただでさえ狭い通路を塞がんばかりの勢いで八百屋が野菜を陳列しており、その奥へ行っても狭い路地にいくつもの飲食店が軒を連ねている。西荻窪《にしおぎくぼ》駅を降りると、南口を出てすぐのところには柳小路《やなぎこうじ》を始めとした路地密集地が広がっている。柳小路には、タイ料理屋や韓国料理屋などの様々な国の料理を売りにした小さな店がいくつも連なっている。店の軒先にまでテーブルを出した雑多な路地空間が広がっている。その一本線路寄りの通りには、焼き鳥「戎《えびす》」が何軒も店舗を構えており、戎の看板がいくつも目に入ってくる。隣の柳小路にちなんで、「戎小路」とでも呼んでしまいそうになる。このようにハモニカ横丁に類似した空間は、終戦直後のヤミ市の面影を色濃く残す中央線沿線の街においては決して珍しい存在ではない。

しかし、ハモニカ横丁と他の類似した空間には明らかな違いがある。それは路地空間の中ではなく、路地の外、つまり横丁を取り巻く環境に、ハモニカ横丁への注目度が抜きん出た要因がある。

ハモニカ横丁は周辺をサンロードやチェリーナードを始めとしたアーケードのある現代的な商店街に囲まれている。ところが他の中央線沿線の街はある限定的な一帯ではなく、街全体に路地が張り巡らされている。つまり、街全体に抱く印象と、その路地空間に抱く印象が大差ないことから、高円寺駅前の路地密集地に入ってもそれほど異空間性を感じることはない。一方でハモニカ横丁は、周囲を横丁とは対照的な、現代的な商店街に囲まれることにより、相対的にハモニカ横丁へ入った時に感じる異空間性が高められている。

ハモニカ横丁という路地は、武蔵野市吉祥寺という多様な商業施設の充実、井の頭公園を始めとした自然の充実、そういった街全体がある一定の水準まで整備が進んでいるからこそ、異空間性が高まり、これほどまでに注目されているのではないだろうか。ハモニカ横丁人気にあやかろうとその形だけをマネしたものを他の場所でやろうと思っても難しいだろう。吉祥寺という街にあるからこそ、これほどまでに多くの人を魅了できているように思う。

街に背を向けていない横丁

「横丁」というと、一本の路地の両脇に間口の狭い店が立ち並び、横丁の外から見たときに建物の裏側が露になっているケースが多い。周囲に対して背を向けてしまっていることから、横丁一帯が街の片隅で孤立している印象を受けることもある。横丁を探し求めて街を歩いていると、明らかに場違いな一帯が自然と目に入ってくるので分かりやすい。

ところが、ハモニカ横丁は少し様子が違う。一つの街区を成しているということは横丁の街区の外周の四辺は、それぞれが面している商店街組織の一部を成していることになる。横丁の北側はダイヤ街チェリーナード、東側はサンロード商店街、南側（線路と並行の駅前通り）は平和通り商店街となっている（西側・市道一九〇号線に商店街組織はない）。本来、商店街組織は街区ではなく通りごとに組織されることが多い。そのため、街区の外周部にある商店はハモニカ横丁内部の商店街組織ではなく、面している通りの商店街組織に所属しているケースもある。

先にも述べたように、横丁の建物群は街の中で背を向けているケースが多いのだが、ハモニカ横丁の場合は街区の外周部にある店はそれぞれ街区の外側を向いているため、一見、この街区の内部に狭い店が立ち並ぶ横丁が形成されていることなど感じさせない。街の中でその特異性を露にせずに、外周部に並ぶ店が〝保護色〟となってハモニカ横丁は自然な形で街の中に溶け込んでいる。

そのため、ハモニカ横丁目当てに吉祥寺を訪れた人の中には、吉祥寺駅を出て目の前にあるにも関わらず、その場所を尋ねる人までいたくらいである。近年では路地の入口に大きな看板が設置されたことからそういった人を見かけることもなくなったが、看板がない一昔前は駅の正面にあるにも関わらず存在が気づかれにくいくらいであった。

ハモニカ横丁という名前について

「ハモニカ横丁」と呼ばれる場所は、終戦直後には新宿の中村屋のそばにもあった。この場所は関東尾津組《かんとうおづぐみ》というテキヤ組織が戦後に支配していた。今でも、横浜や八戸にもハーモニカ横丁と呼ばれる戦後のヤミ市を起源とする飲み屋街がある。長崎市にある戦後のヤミ市を起源とする飲み屋街にも正式名称ではないが地元の人の間で「ハモニカ横丁」の愛称で親しまれている一帯があるようだ。全国を探せばもっと出てくるだろう。今では吉祥寺のハモニカ横丁がマスコミに取り上げられることが多いことから、吉祥寺の駅前の一帯を示す固有名詞のようになりつつあるが、同じ愛称で呼ばれている場所は全国にいくつもある。

吉祥寺の一帯をハモニカ横丁と初めて呼んだのは、吉祥寺に住んでいた文芸評論家、亀井《かめい》勝一郎《かついちろう》である。戦後よく横丁で酒を飲んでいた彼があるとき小さい店舗が軒を連ねる様子をハーモニカの吹き口に例えて、ハモニカ（ハーモニカ）横丁と呼んだことからその名がついた。亀井勝一郎が通った場所はハモニカ横丁の中でも、終戦直後に一杯飲み屋が軒を連ねた祥和会の一帯であった。

つまり元々、「ハモニカ横丁」と呼ばれたのは、この一帯全体ではなく、あくまで横丁の一部のことだけであった。それが今ではこの街区全体を指し示す愛称として使われている。

この祥和会に対しては、かつて他の三つの商店街の一部の人々から、少し蔑む視線が送られていた。祥和会にある店の一店舗あたりの面積は狭く、しかも各店舗で各々に地主と借地契約を結んでいないことから、他の通りの商店主からは屋台か道端の露店などと同じような存在として見られていた。そのため、元々、祥和会のみを当てはめた表現として用いられた

「ハモニカ横丁」というネーミングを他の三つの商店街に対しても同じように使うことに、強い抵抗を示す人もいた。今でこそ「ハモニカ横丁（ハーモニカ横丁）」と書かれた看板が各商店街の入口に掲げられているものの、当初はそのような看板を掲げず、「ハモニカ横丁」と呼ばれることに抵抗する通りもあった。しかし、終戦から長い時間が経過した現在では横丁にいる人々の大多数が入れ替わり、そういったことを気にする人はいなくなりつつある。そして何より、マスコミや横丁を訪れる人が覚えやすく親しみやすい名前であることから、横丁全体を指し示す言葉として浸透していった。

今ではハモニカ横丁、もしくはハーモニカ横丁と書かれた看板が、どの通りの入口にも掲げられ、横丁のネーミング問題は一段落したかに見えた。ところが近年になって再びネーミングを巡って対立が起きている。今度は「ハーモニカ横丁」なのか「ハモニカ横丁」なのかという問題だ。主に、ハの後を伸ばさない「ハモニカ横丁」派は、ハモニカキッチンの経営者を中心とした商店主で、「ハーモニカ横丁」派は主に昔からこの横丁で店を営んできた商店主たちである。活字にする以上、このどちらかを選んで書かなければならないのであるが、ここまでも書いてきたように本書では「ハモニカ横丁」としている。それはなにも「ハモニカ」志向の一部の店主に同調しようということではなく、通い慣れた人の間では「ハモニカ横丁」というネーミングで浸透しつつあるということから、苦渋の判断をした。何卒ご了承いただきたい。大げさな弁解に聞こえるかもしれないが、横丁の内部ではとてもシリアスに扱われている問題なので、気を使っても使いすぎるということはない。

ちなみに「よこちょう」という言葉は、「横丁」と「横町」というように二通りの表記ができるが、ハモニカ横丁の看板やこれまで掲載された雑誌などの表記を見てみると「横丁」としてあるケースが多い。

この二つの表記の違いは江戸時代には存在した。江戸時代、土地は寺社地、町人地、武家地の三つの区分がされていた。「横町」と書いた場合は、町人居住地区の主要道路に直行する道路に面して町入用《ちょういりよう》（現在の都・区税に相当）を負担する町人がいたチョウを意味した。単なる物理的な脇道ではなかったのである。また、「横丁」とした場合は主要道路から御家人クラスの住宅地や寺院やその団地に入るための道路であった。しかし、今では寺社地、町人地などの土地の区分もなくなったことから、横丁・横町の使い分けもなくなったわけである。本書では前例の多い「横丁」の表記を用いている。

第三章　吉祥寺ハモニカ横丁の誕生

武蔵野市吉祥寺の発展

まずはハモニカ横丁が存在する武蔵野市吉祥寺の歴史を振り返りたい（吉祥寺の街全体の歴史については既に様々な本で詳しく触れられているので、ここでは大まかな流れを追う程度とする）。地名の由来となった寺院・吉祥寺は江戸時代には本郷《ほんごう》にあった。この寺院は一六五七年（明暦三年）に本郷で発生した火災（明暦の大火）により焼失した。この火災のあと、焼け出された吉祥寺の門前町の住人たちは、幕府の斡旋によって現在の武蔵野市東部に移住した。それまでこの土地は雑木林と原っぱが広がる荒地であった。一六五八年に開墾が始まり、移住した人たちは吉祥寺に愛着を持っていたことから、新田を吉祥寺と名付けた。つまり、この地域に吉祥寺という寺院があったから吉祥寺という地名が付けられたわけではなかった。

開墾された土地は五日市街道を境にして短冊型に均等に分配され、月窓寺《げっそうじ》、光専寺《こうせんじ》、蓮乗寺《れんじょうじ》の三つの寺と移住者二五人に割り当てられた。この時、これらの寺院に割り当てられた土地が現在の吉祥寺駅の中心部に位置しており、今も寺院が地権を所有している。前述のようにハモニカ横丁一帯は月窓寺が地権者である。

一八八九年に武蔵野村が発足する。この年に甲武《こうぶ》鉄道《てつどう》開通により新宿・立川間の鉄道が整備される。そして一〇年後の一八九九年に甲武鉄道吉祥寺駅（現在のＪＲ吉祥寺駅）が開設されるが、大正末期までは商工業は発展せず、農家ばかりの貧しい村であった。

吉祥寺駅が開設されると畑ばかりが広がる吉祥寺駅周辺には、駅利用者のための休憩所などの施設が必要とされたため、現在のサンロード商店街の入口にあたるマクドナルドが入居しているエビス会館の付近に、「エビスヤ」という休憩所ができた。東京方面に出かける鉄道利用者が周辺の村々から駅まで畑の中を徒歩で来なければならず、服を土などで汚してしまうために、この休憩所は乗車前によそ行きの服装に着替える目的や、東京から鉄道で到着した客が目的地までの道を尋ねたり、休憩をとったりするために利用された。

一九二三年九月一日、関東大震災が起こると被災した東京市民には、広々とした静かな武蔵野村への転居を希望する者が多く、住宅地として大きく発展する。それに伴い、成蹊学園《せいけいがくえん》をはじめとする学校が武蔵野村に移転してきたために人口は急激に増加する。自然と駅周辺

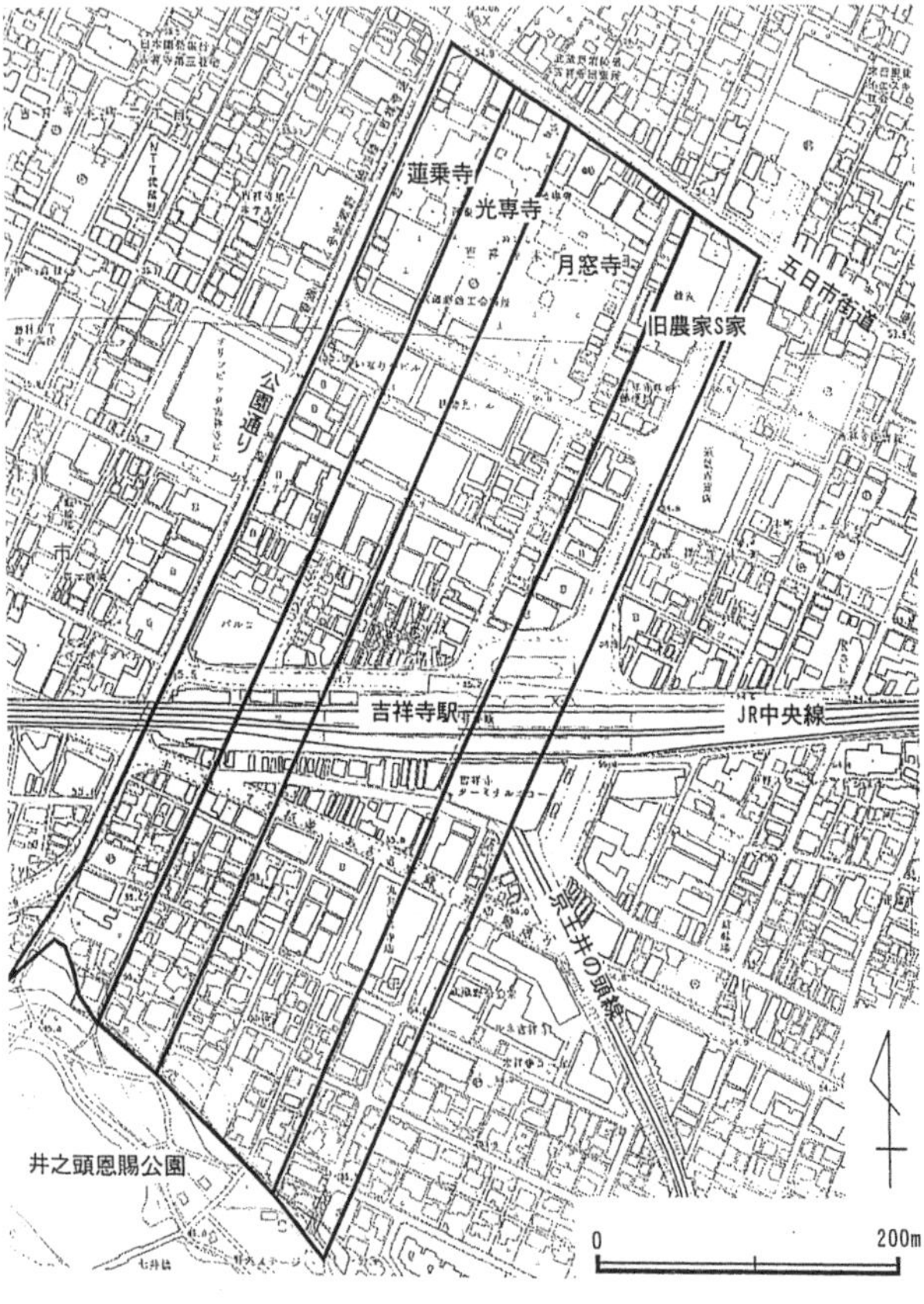

吉祥寺駅周辺の地権者。太線枠は蓮乗寺・光専寺・月窓寺・旧農家S家が所有していた土地の範囲を示す。（高橋珠州彦「近代における大都市近郊地域の都市化過程　特に東京都武蔵野市吉祥寺地区の旧農家と移入者の動向を中心として」筑波大学大学院歴史・人類学研究家史学専攻歴史地理学コース修士論文、2001年、46頁より）

には商店が立ち並ぶようになり大きく発展し、一九二八年に武蔵野町となる。その後、都心にあったいくつかの工場が土地の安い武蔵野町へ移転するようになった。一九三四年には帝《てい》都鉄道《とてつどう》（現在の京王井の頭線）が吉祥寺駅まで開通する。

太平洋戦争を契機として多くの軍需工場を抱えることになった武蔵野町は、戦中より工業都市として発展した。しかし、空襲が激しくなると、軍需工場が空爆の標的となっていたため疎開する人が多くなり、一時的に人口が減少する。一九四四年以降、アメリカ軍はマリアナ諸島からB29を発進させ、日本へ空襲を行うようになったが、その最初の目標が武蔵野町の中島飛行機武蔵野製作所だった。この工場は軍用航空機エンジンの生産において日本全体の生産量の三割を占めていた。

この地が次に発展したのは終戦直後である。軍需工場が空襲により大打撃を受ける中、幸い住宅地にはほとんど被害がなかった。また、都心に近いため電車などの交通機関が充実し、都心から住みやすい武蔵野町へ移る人が増え、一九四七年に武蔵野市が発足する。

このように、武蔵野市は都心が三度の大きな災害に遭うたびに、その受け皿となる形で大きく発展を遂げた郊外だった。

ハモニカ横丁の誕生

駅前の休憩所・エビスヤの経営者は、一九二九年に現在のハモニカ横丁の場所の東側半分の一帯（現在の仲見世通り商店街と中央通り商店街にあたる部分）に「吉祥寺アーケード」と呼ばれる複合商業施設を建てた。これは二階建てで、一階には食料品・雑貨・電気製品等を扱う専門店がテナントとして入っていた。二階はビリヤードや麻雀などを楽しむことができるスペースとなっていた。

戦時中、火災時の駅舎への延焼を未然に防ぐため、駅周辺の建物は全て軍により撤去された（建物疎開という）が、吉祥寺アーケードなど戦前から駅前一帯に形成されていた商店街もその対象になった。ただし、一部の運送会社と、米や塩を販売していた店だけは解体を免れた。解体された建物の土台となる基礎コンクリートは撤去されずに残された。建物疎開により、吉祥寺の駅前は昭和二〇年の春には更地になった。その頃になると駅前を通る人もまばらになり、解体エリアに入らなかった駅から少し離れた商店では売る物はほとんどなくなっていた。

終戦を迎えると、吉祥寺駅前には空爆を受けることなく建物疎開されたままのきれいな更地が残った。武蔵野市においては軍需工場が大打撃を受けたものの、他にはあまり大きな被

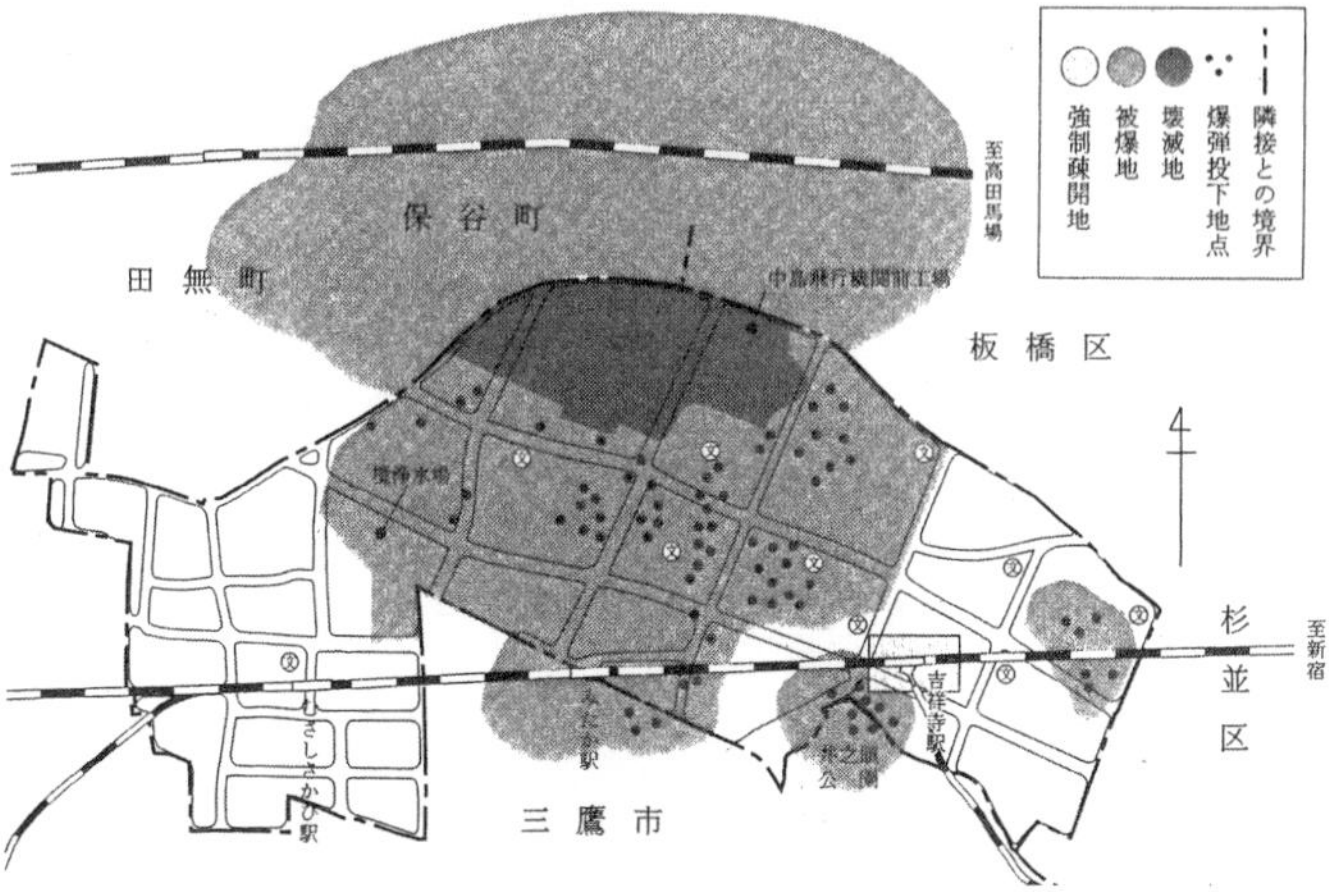

武蔵野市戦災図（『武蔵野市百年史　記述編Ⅰ　明治22年～昭和22年』武蔵野市、2001年、1040頁より）

害はなかった。空襲による大きな被害を受けた都心の人々が数多く吉祥寺へ流入してきたこともあり、吉祥寺のヤミ市は多くの人で賑わった。吉祥寺駅前に広がったヤミ市には三〇〇～四〇〇ほどの露天商が集まった。吉祥寺駅前のヤミ市では、魚、アサリ、得体の知れない食料品、衣料品、カストリ焼酎（本来意味するところの酒粕を用いた焼酎ではなく、原料・出所がまったく不明で、中には有毒なメチルアルコールを水で薄めたものまであった。終戦直後、酒不足の世相の中で粗悪な密造焼酎が「カストリ」と総称された）などを売る露店ができた。当初はテキヤ組織が統率していたが、そのうち数人の中国人もここで商売をするようになった。これがハモニカ横丁の起源である。

ハモニカ横丁の東側半分の吉祥寺アーケードの基礎のみ残されていた場所は、終戦直後に基礎の突起がヤミ市を広げるにあたり邪魔になったことから、テキヤ組織により土で埋め立てられ、真っ平らになった。一方で、西側半分は戦前には大きな穴になっていたようだ。一説によると、吉祥寺駅建設の際にホーム作りに利用する土を掘り起こしたためだという。戦前に存在したこの穴は、子供が落ちると自力では登れないほどの深さがあり、ゴミ捨て場として利用されていた。おそらく戦前だとは思うが、いつしかこの一帯は埋め戻された。（ちなみに、この一帯にある店の一部では、当時の埋め戻した土の締固めが甘かったこともあり、現在も地盤沈下による建物の歪みが残っている。）

そして平坦《へいたん》になった一帯に、テキヤ組織が荒縄を地面に張り巡らせ、占拠した。土地を一コマ一坪ほどに区分けし、数多くの露天商を誘致して多くのショバ代を徴収した。終戦直後の吉祥寺駅前のヤミ市で商売をしてきた露天商の話によると、多くの露天商は一コマを借りて商売をしたが、広い場所で商売をしたい人は二コマ借りて、二コマ分のショバ代を払っていたという。また、バラックが建つ前の荒縄で区切っただけの初期のヤミ市では商売をする位置は決まっておらず、毎日店を出す位置は変わっていたようだ。

一九四七年に吉祥寺アーケードの経営者が疎開先から戻ってきた時には、バラックが立ち並んでおり、商売を再開することができなくなっていた。終戦直後は真っ平らな場所に敷物を敷いて商品を並べるだけのヤミ市であったが、それから二年の間にバラックが建てられたことになる。元の借主が商売を再開できない状態であることから、話し合いが持たれたようだ。武蔵野市発行の吉祥寺駅周辺再開発事業誌には以下のような記述がある。

「地主（闇市の大部分が月窓寺）と強制疎開者、露天商、引揚者、中国人などの各代表が話し合って、昭和二二年（一九四七）の夏には駅前マーケットを細かく分割してそれぞれが使用する権利を認めてもらったのである」（吉祥寺駅周辺再開発事業誌編集委員会編『二一世紀への基盤づくり——吉祥寺駅周辺再開発事業誌』武蔵野市、一九八九年、七四頁）

話し合いは、この地域の世話役である当時の武蔵野町会議員の山下、筑井の両氏が間《あいだ》に入って執り行われた。

吉祥寺のヤミ市には日本人が主な構成員のテキヤ組織のみならず、アジア系外国人の露天商も多くいた。テキヤ組織と外国人露天商との間には、縄張り争いがあったようだが、吉祥寺においてはテキヤ組織同士の対立はそれほど多くはなかったようだ。これには吉祥寺駅周辺の土地の所有者が月窓寺をはじめとする寺院であったことが関係しているのかもしれない。

これらの寺院とテキヤ組織は戦前から縁日などで接する機会が定期的にあったはずである。吉祥寺のヤミ市は、表向きは他の街にも存在したヤミ市と同じように不法占拠によるものだったが、実際には地主の寺院による一定の〝交通整理〟が施されたことから、激しい対立などは起きなかったのではないだろうか。こういった吉祥寺の街が持つ特殊な事情が、現在でも駅前の一等地に三〇〇〇平方メートルにも及ぶヤミ市起源の商店街が存続できている要因の一つといえるのかもしれない。

吉祥寺アーケードの経営者は、やむなく本来商売をしていたところではなく、ハモニカ横丁の西側（現在の中央通り商店街付近）で小さな飲食店を短期間ではあるが営業していた。こうして、戦前この付近で商売をしていた借地権の所有者は、狭いながらも商売を再開することができた。さらにその後テキヤ組織による支配が終わってからは、戦前に休憩所を営んでいたエビスヤの場所でパン屋などを営むようになる。

次章では、ヤミ市とはどういった場所であったのか、吉祥寺以外の主要駅周辺の事例も含め詳しく触れてみたい。

第四章　横丁のルーツ・ヤミ市

ヤミ市とは何か

東京は一九四二年四月一八日に最初の空襲を受け、一九四五年八月一五日までに一二二回の空襲を受けた。死者九万六〇〇〇人、二八六万三〇〇〇人に及ぶ都民が家を失った。飢えと失業に多くの人々が苦しんだ。

戦後、深刻な食糧不足に陥っていた日本は厳しい統制経済下にあり、主食は政府から支給される、いわゆる配給によって公平に取引された。しかし、政府からの主食配給は、わずかに成人一人あたり、一日二合一勺にすぎず、それも米がない時には、芋、大豆、澱粉、麦粉などで代用され、カロリーは一日一人あたり約一二〇〇キロカロリーにしかならなかった。一九四五年度に採れた米は、配給に必要な量の二三%しかなかった。一日に必要な一人あたりのカロリーは性別や年齢によって多少の差はあるものの、おおよそ二四〇〇キロカロリーとされているだけに、政府からの配給は満足できるものではなかった。

このように配給だけで生きていくことができず、それに加えて遅配（配給が遅れること）が長く続いたということもあり、非合法ルートで自由に食べ物などが売買できる市場が発生した。これがヤミ市である。「ヤミ市」という言葉の意味を辞書で調べてみると、「闇取引《やみとりひき》の品物を売る店が集まった市場」と書かれている（『岩波 国語辞典 第七版新版』）。戦後、主に駅周辺に広がった、不法に取引の行われていた市場である。

戦時中から生活必需品は政府の定める「公定価格」で取引がされていた。この「公定価格」に対して、非合法ルートで売買される際の値段が「闇値《やみね》」とされ、闇値で取引する市場として、ヤミ市という言葉ができた。ヤミ市自体は戦後生まれたものであるが、ヤミ行為は戦時中から行われていたようだ。例えば農家から直接食料を買う場合は警察の監視を逃れるためにハイキングを装って山間部に入り、農家を訪ねて食料を買うなどの方法を取ることもあったようだ。

政府からの配給が不十分であれば、ヤミ市は当時の人々が生きていくために必要不可欠なものとして、正当な存在意義があったと考えられる。しかし、「ヤミ（闇）」という言葉が示すように、戦時中、統制経済下にあったことから、この非合法市場を利用することは国への裏切り行為とされていた。厳しい統制経済を当然のように受け入れていた当時の人々は、国への忠誠心が強く、ヤミ市を利用することに後ろめたさを感じていたのである。ところが、ヤミ市が国民からそのように思われていたのは一九四五年までであった。

人々は主食を基本的には配給のみでまかなわなければならなかったわけだが、その肝心の配給が遅れ、長いときは一ヶ月近く配給が滞った。遅配という最悪の事態を招いた原因としては、復員や帰国による恐るべき人口増、一九四五年の凶作、そして輸送能力不足などがあった。

政府はヤミ市を厳しく取り締まりながら、配給を疎かにしていたのである。政府の方針に従いヤミ市を利用しなければ、配給が滞っている間、政府は国民に断食を迫ったのと同じことになる。終戦直後を知る人には、ヤミ市を「生命の原点」と評価する人も少なくない。この遅配をきっかけに、ヤミ市の存在は徐々に正当化されていくのである。ここまで「ヤミ市」と表記してきたが、「闇市」と書くこともできる。遅配が起きる以前は主に「闇市」という表記がされた。しかし、この遅配による国民の政府への不信感をきっかけに「ヤミ市」という表記が徐々にされるようになっていった。一九四六年七月二三日の朝日新聞では「ヤミ市がこれほどまでに発達したのは歴代政府が『奨励』したからである」という文まで登場する。それまで「闇市」という表記がされてきたものを、「ヤミ市」と表記し、文全体の内容も、ヤミ市は当時人々が生きていくために必要不可欠であり、正当な存在意義があったことを感じさせる。こうして、最初は悪の温床《おんしょう》とされた「闇市」ではあったが、「ヤミ市」としてその存在が肯定されていったのである。

食料の不足は東京のみならず全国的な問題であっただけに、ヤミ市もまた東京だけでなく、全国各地に存在した。多くの人が、ヤミ市に対して漠然としたイメージを持っていると思うが、「ヤミ（闇）」という否定的なイメージを抱かせるネーミングにより、あまり良くは思われていない。

この「ヤミ市」という言葉への抵抗感は世代によっても異なるかもしれない。実際にヤミ市を知らない世代はこの言葉を使うことにあまり抵抗感はないが、終戦直後を知る世代はこの言葉を使うことを避けることが多い。というのも、終戦直後から続く老舗の創業年を見ると、一九四七年や一九四八年といった年が比較的多いのだが、終戦直後のヤミ市から続く店でも創業年を一九四五年とせず、終戦から少し経った一九四七年以降を開業の年とするケースが多いことが気になっていた。ヤミ市で行われていた商売は、たしかに物を売って生活費を稼ぐということでは現代の商売と同じものと捉えることもできるかもしれないが、そこで働く人の意識としては現在とは大きくことなっていただろう。当時は筍生活とも表現されるほどの緊迫した状況であり、ヤミ市での営みは商売というよりは、生きることそのものだった。ヤミ市時代の店はあくまで現在の店の前身と捉え、終戦から数年後を創業年としているようだ。これにはどこかで、ヤミ市で商売していたことを推測されるのを避ける意図も、働いているのかもしれない。

中には「ヤミ市」という言葉を会話の中で出すだけであからさまな拒否反応を示す人もいる。各地のヤミ市を起源とする商店街の調査に出かけ、ある商店街のヤミ市からの歴史をヒアリングしていたときにこのような出来事があった。商店街の方に自己紹介をしたときに、終戦直後のヤミ市を起源とする商店街の調査をやっていることを告げると、人によっては「ヤミ市が元になっている商店街だなんていわれたくない」などと、かつてヤミ市だったことを否定し、声を荒げる人もいた。

しかし、ヤミ市の存在は戦後人々が生き延びるために必要不可欠であり、非合法ながらも確かな存在意義があった。ヤミ市の果たした役割を知れば、決してそこまで受け入れられないものではないと思っている。

ヤミ市から商店街への組織化

最初は敷物に商品を並べるだけのヤミ市であったが、一九四五年一〇月一六日、東京露店商同業組合が設立され、バラックやヨシズ張りの店舗式露店が登場する。浅草、新宿、銀座、上野、池袋、渋谷で露店が発生。この頃から露天商が組織化していき、だれでもすぐ市場で商売をできるというわけではなくなる。それとともに、警察からの取締まりも強化されるようになる。露天商に対する課税が決定し、水産物の販売が禁止されるなど、それまでヤミ市を事実上容認していた政府の態度が一転し、ヤミ市規制へと転換する。

警察からの取締りが強化される一方で、露天商組合による長屋式マーケット建設の計画が進行する。一九四六年三月に、まず池袋に木造長屋式店舗二五〇戸を完成させると、目白、新宿、渋谷、五反田にも次々と完成させた。八月には新橋に「新生マーケット」が完成する。しかしながら、全ての露天商がそっくりそのまま、これらの長屋式マーケットで商売をすることができたわけではない。マーケットに収容された露天商は二、三割程度であった。露天商の組織の上層部が、一般の商人を中心としてマーケットを組織したのだ。素人を排除し、商売に手馴れた一般商人と手を組むことで、効率の良い仕入れルートが構築されていくなどのメリットが生まれ、もはやヤミ市とはいえないほどの完成された組織が形成されていった。

ヤミ市の衰退

政府はヤミ市を違法としつつも事実上容認していただけに、ヤミ市の組織幹部を取締まることは無かった。しかし、一九四七年のインフレと食料危機により警察の取締りが極めて厳しくなる。この食料危機により、国民は再び苦しい時期を迎えることになったのだが、警察はこの責任をヤミ市に転嫁した。東京露店商同業組合理事長の逮捕、新聞のヤミ市に対する厳しい論調により、新橋、浅草、新宿のヤミ市を形成していたテキヤ組織が次々と解散していく。ついには東京露店商同業組合が解散。東京都全体の露天商の組織が解散した後も地域ごとに露店は再建されるが、露店はかつての勢いを失っていた。

その後、飲食店の取締りが始まる。一九四七年七月一日に飲食営業緊急措置令が発令されると、飲食店のうち、外食券食堂・旅館・喫茶店などを除くすべての店が営業禁止となり、これらの店は地下に収容される。それ以降、多くのマーケットは禁令の飲食店が集まる危険な街と化していく。

マーケットや露店が国民の生活に根付いていたのは一九四八年の夏ごろまでであった。徐々に物資の流通が整ってくることにより、ヤミ市の法外な高値などが浮き彫りとなった。また、この頃、デパートが繁盛し、相対的にマーケットや露店が寂れていったのだと考えられる。

マーケットの整理

復興とともに徐々に役割を失っていったヤミ市は、次第に再開発による移転などで整理されることになる。例えば新宿東口に広がっていた新宿事業組合マーケット（通称・和田組マーケット）は一九五〇年に戦災復興土地区画整理事業により整理され、多くの露天商が三光町の代替地に移転している。これが現在の新宿「ゴールデン街」である。都内に存続しているヤミ市起源の横丁の中にはこのように移転され、駅から少し離れたところに位置するようになったところが多い。新宿「思い出横丁」や吉祥寺「ハモニカ横丁」といった終戦直後のヤミ市が整理されずにそのままの位置で存続しているというのは稀なケースである。そのせいか、この二つの横丁には移転して形成された横丁にはない、ヤミ市の名残を強く感じることのできる独特の雑然とした雰囲気がある。

このように主要なマーケットは消滅し、道路上の露店も整理されることになった。理由は街の美観を損ねるというものだ。

露店整理によって形成された商業施設の一例が秋葉原にある。今や電気街としてあまりにも有名な秋葉原ではあるが、電気街としてのルーツは終戦直後のヤミ市にあった。秋葉原という地名は、元々ここにあった神社名に由来する。江戸時代、現在の秋葉原界隈では火災が相次ぎ、問題視されていた。明治に入り東京府は九〇〇〇坪の火除地《ひよけち》を設けた。この火除地に火伏《ひぶ》せの神を祀る鎮火神社が建てられたこともあって、当初ここは鎮火原と呼ばれた。その後、鎮火神社が秋葉神社と改名されたときに、周辺の呼び名も秋葉原となった。交通の便がとても良かったこともあり、戦前から秋葉原では卸売業が発展し、部品売買の小さな店舗が多かった。戦前から商業地が発達したこともあり、終戦直後、急速に復興を遂げる。

空襲により秋葉原の街はほとんどが焦土と化した。終戦直後には大きなヤミ市が広がったが、ラジオ部品を売る露店がその多くを占めた。秋葉原近くにあった電気工業専門学校（現在の東京電機大学）の学生が、ラジオ部品を秋葉原のヤミ市で購入し、それを組み立て完成させたラジオを販売するアルバイトが流行った。そのため、ラジオの部品を販売する電気関係専門の商人が秋葉原に集まってきた。電気製品の店が集中し、電気関係の商売を営む人々がこの街に買い出しに訪れるようになったことを契機に、空襲により大打撃を受けた秋葉原は活気を取り戻した。

万世橋のラジオガァデンなどは、これらの露店が進駐軍により整理されたときに形成された商業施設である。つまり、電気街・秋葉原の原型は、かつての露天商たちがつくったといっても過言ではない。

しかしながら、これは秋葉原に限らずどの街にいた露天商にもいえることであるが、ヤミ市にかつていた露天商の多くは露店整理のときに建てられた再開発ビルなどの商業施設に入ることはできず、復興後は縁日をまわる本来の露天商集団になることが余儀なくされた。

ヤミ市の食文化

ヤミ市起源の飲み屋街というと焼鳥を焼く煙や、モツをグツグツ煮込む湯気が充満しているところが多い。そこにいると、どういうわけか高価な肉よりも、臓物を食べたくなる。飲み物は、ビールでも良いし、ホッピーも良い。日本酒を飲みたいと思っても銘柄は何が良いとか特にこだわろうとも思わない。これまで多くのヤミ市起源の飲み屋街を訪れたが、美味しい料理を提供してくれる店が数多くあった。しかし個人的には、雰囲気を楽しむことを大きな目的としているせいか、口にするものには大してこだわろうと思わない。

ところで、臓物はヤミ市起源の飲み屋街にある居酒屋のメニューでよく見かけるが、それには理由がある。戦時中や終戦直後の統制経済下では米や肉などの食料は自由な売買を禁止されており、統制品とされていた。一方で、臓物は統制品ではなかったことから、ヤミ市ではこれを出す飲食店が流行った。

近年、臓物を意味する「ホルモン」という言葉の語源は、臓物が「放るもん」と呼ばれ、廃棄されるものでしかなかったことに由来するという説が広まっている。しかし、詳しくは他著に譲るが、ホルモンという名称は実際には医学用語のホルモン（医学用語の「hormon（独）」、「hormone（英語）」）に由来するという。しかも、戦前からホルモンという名称で通っており、それほど多くはなかったかもしれないが食べられていたようだ。

ただ、今日ここまでホルモン料理がポピュラーになったのは戦時中の統制経済をきっかけとして広く食べられるようになったことは事実である。食料不足の中、ヤミ市ではホルモンを焼いて食べさせる店が流行った。ホルモンを食べる文化がヤミ市を起点として終戦直後に根付いた。現在のハモニカ横丁には、新宿「思い出横丁」のように終戦直後から続く居酒屋はないが、モツ焼きを出す店はいくつかあり、ヤミ市の文化を味覚で感じることができる。

各地のヤミ市

上野

正月の風物詩といっても過言ではないだろう。年末年始にテレビをつけると必ずといってよいほど、食材を買い求める客でごった返すアメ横の様子が映し出される。アメ横に足を踏み入れると、店員が商品を指差しながら「一〇〇〇円、一〇〇〇円、一〇〇〇円だよ！」などという声を浴びせる。活気溢れる商店街である。

アメ横の正式名称は上野アメ横商店街連合会といい、ＪＲ御徒町《おかちまち》駅と上野駅間の高架下とその向かい側にある三角地帯に挟まれた商店街を指す。

戦時中に国鉄のガード下にあった変電所を空襲から守るため、変電所の周囲にあった建物は強制疎開させられ空き地となっていた。そこに終戦直後、テキヤや引揚者らが自然と集まって風呂敷の上に品物を置くなどしてヤミ市が発生した。終戦直後、上野駅の地下道には二五〇〇人もの浮浪児があふれていた。また、三つのテキヤ組織（飯島一家、西尾組、破れ傘一家）による抗争が絶えない、特に治安の悪いヤミ市だった。そこで台東区は、近所で自動車修理工場を経営していた近藤広吉《こんどうひろきち》とマーケットの建設を計画した。マーケットを建設することにより、その時ヤミ市にいた素行の悪い露天商たちを排除することを目的としていた。こういった行政のバックアップによりマーケットが建設されることは新宿でも同様にあった。マーケットの建設はテキヤや一部の資金力のある人間の勝手な建設ではなく、行政からもときに望まれたものだった。一九四六年五月、かつて建物疎開によって空き地となり、ヤミ市が広がったこの一帯にマーケットが建設された。一コマあたり約一坪半のスペースを二五区画つくり、バラック建築で「近藤マーケット」と呼ばれる簡易マーケットを建設した。これが今日のアメ横の起源である。行政のバックアップはあったものの、建設された土地は都の所有地であったことから不法占拠に変わりはなかった。しかし、それでもマーケット建設前のヤミ市が広がっている状態よりもよほど良いという考えがあったことから強行的に推し進めた。

このころ全国には、引揚者団体が結成され、配給物資、資産の処理問題、給付金支給に関

上野「アメヤ横丁」

する証明書発行などの手続き、さらに就職の斡旋など様々な問題の処理に当たっていた。台東区にも下谷地区引揚者更生会という組織が結成される。政府によって砂糖などの食料品が統制品に指定されて自由に売買ができなかった当時、人々は甘い物に飢えていた。そこで、この組織が列車を待つ人々にアイスキャンディーを売り始めたが、冬にアイスキャンディーは売れなかった。アイスキャンディーの販売をやめ、芋などから作り出した代用甘味料を使って飴を作り商売をする露店が上野、錦糸町《きんしちょう》、日暮里《にっぽり》で大量発生した。その名残から「飴屋横丁」と呼ばれるようになった。これがアメ横の原点であり、名前の由来であり、今日では上野のシンボル的存在として賑わいをみせている。アメ横と呼ばれるようになったのは一九四七年の秋ごろからであり、それまでは「ノガミ（上野）のヤミ市」と呼ばれていた。アメリカ横丁の略だとする説もあるが、これは誤りである。

上野に集まった引揚者の中には南満州《みなみまんしゅう》鉄道《てつどう》出身者が多く、彼らは終戦とともに日本へ帰国してから国鉄に再就職した人々とコネクションがあったことから、国鉄用地であった高架下での商売をすることが可能だったようだ。

近藤マーケットを母体とする商店街は、現在ではビル化されている。ビル建設中の露天商の仮設店舗は、新幹線整備計画により撤去された変電所の空き地に設けられ、スムーズに再開発は進んだ。

アメ横は物販店ばかりあるわけではなく、居酒屋も充実している。ガード下やその周辺にはモツ煮込み、モツ焼きなどのヤミ市系居酒屋の定番メニューを売りにする居酒屋が多く軒を連ねており、どこも週末ともなると大混雑だ。

数あるアメ横の居酒屋の中でも「大統領」はよく知られている。先代が終戦直後に海苔を主力商品とした小売店を営んでいたが、一九五〇年より居酒屋に方向転換した。年中無休で午前一〇時オープンということで、午前中から酔っ払うことができる酒好きにはありがたい店だ。開店と共に、夜勤明けの労働者や年金暮らしの老人たちで賑わう。店内にはカウンター席があるが、店の軒先にテーブルとイスを広げている。休日の昼間ともなれば大勢の観光客が押し寄せアメ横周辺の道は通行人で溢れるが、それだけに大統領の軒先の席で飲食をしていると通行人からの注目度は抜群だ。また、この店の煮込みは馬のモツを煮込んだものだ。串焼きのメニューにも馬の「はつもと」（心臓の付け根の部位）があるなど、普通のモツ焼き屋では見かけない珍しいメニューにお目にかかることができる。近くには大統領支店（二号店）もあり、こちらは女性にも入りやすい外観で、席数は一三〇あるが週末の一九時過ぎに行くと並んでいる人がいることが多いので、早めに行ったほうが良い。

新宿

新宿西口の思い出横丁はヤミ市が戦後から移転せずに残っている。ヤミ市という空間を疑似体験するにはやはり、移転せずに現存しているハモニカ横丁か思い出横丁が適しているだろう。新宿には思い出横丁の他にも、花園神社《はなぞのじんじゃ》に隣接した一帯に、ヤミ市が整理されて形成されたゴールデン街もある。ゴールデン街は終戦直後から長らく作家や俳優、マスコミ関係者らが通う文化的な香りのする場所として知られつつも、一般人には近寄り難い場所であった。しかし、近年では一般人にも入りやすい広く開かれた場所になりつつある。

新宿は一九四五年四月一三日の米軍による空襲により主要な建物の多くが焼け落ち、区内

新宿「思い出横丁」

全域が焼け野原と化した。終戦を迎えてから間もなくの八月二〇日、「光は新宿より」というスローガンのもと、戦前から新宿を仕切っていたテキヤ組織・関東尾津組《かんとうおづぐみ》が新宿にヤミ市を作った。ヤミ市発祥の地が新宿である。

尾津組親分の尾津喜之助《おづきのすけ》は、終戦を迎えるといち早くヤミ市を始めた。新宿のヤミ市は規模と品物の豊富さで他の街のヤミ市よりも一頭地を抜いていた。新宿駅は焼け残った丸の内や霞ヶ関のビジネス街と戦前から発展してきた郊外の住宅地を結ぶ結節点であったため、多くの人々が集まった。

終戦直後、新宿西口には安田組の管理する「ラッキーストリート」と呼ばれるマーケットが形成されていた。ここはハモニカ横丁と同じように現在も整理されずに残っている。理由としては、この一帯の土地の所有者は三者いたが、徐々に営業者側に地権が譲渡され、権利者が多くなったことから地権の調整が困難となり再開発が進まなかったためである。

東口には、尾津組、野原組、和田組の管理するマーケットが存在した。東口のマーケットはすべて整理され、多くが姿を消した。しかし、和田組の管理下のマーケットにあった露店の半数は三光町（現在の歌舞伎町）の代替地に移転し、現在もゴールデン街として残っている。

ゴールデン街は一見、一つの商店街組織のようであるが、実際には新宿ゴールデン街商業組合（以下、ゴールデン街組合）と新宿三光商店街振興組合（以下、三光商店街）の二つの組織から成り立っている。なぜこのように組織が二分されているかというと、それぞれの発展史が異なるからである。ゴールデン街に四〇年以上続く飲み屋「ナベさん」の店主であった故・渡辺英綱《わたなべひでつな》による『新編　新宿ゴールデン街』（ラピュタ新書）によれば、ゴールデン街組合の経営者たちは元々、主に新宿二丁目の露天商であり、ここに移転することになって、建設の計画段階から売春業を考えていたという。木造三階建てとなっており、三階を売春に使用することを前提としていた。一方で三光商店街の一帯は、飲食店を目的として建設されていることから木造二階建ての店舗となっていた。ところが、売春の客で賑わうゴールデン街組合の店に対して、純然たる居酒屋営業をしている三光商店街の店はあまり繁盛せず、そこで元々二階建てだった店舗に三階部分を増築して、ゴールデン街組合の建物と同じように売春宿化したようである。その後、一九六〇～七〇年代は作家や芸術家で賑わうようになった。一八〇弱の店舗に最盛期は約二五〇店あったが、バブル期の地上げで九〇年代初頭には一三〇店前後まで減った。近年はレトロな雰囲気が若者の人気を集め、二〇〇二年末で約一九〇店が営業し、その後も順調に店舗数は回復し、多くの客で賑わっている。現在、ゴールデン街には三階で酒を楽しめる店舗もあるが、そこで酒を飲んでいる客はまさか自分が飲んでいる場所が、かつて売春をするために造られた空間であるとは思わないだろう。

思い出横丁にしてもゴールデン街にしても飲み屋街化している。客層はというと思い出横丁は昔から中年の男性客が多く、客層に大きな変化はないように思う。しかし、ゴールデン街についてはあまり訪れることのなかった若者の姿が最近では目立つようになっている。

思い出横丁の飲食店はヤミ市上がりの飲み屋街らしく、焼鳥（焼きとん）を出す店が多く、安くておいしい店がいくつかある。横丁の中央の通りは思い出横丁、線路に面している通りはやきとり横丁と呼ばれている。やきとり横丁にある店はトイレが完備されている店がほとんどであるが、思い出横丁にはトイレのない店舗が多いので、共同トイレが設けられている。

自信を持っておすすめできるのは、線路側に面したところ、つまり、やきとり横丁にある第二《だいに》宝来家《ほうらいや》である。思い出横丁にある第一《だいいち》宝来家《ほうらいや》が本店であるが、第二の方が広く賑わっている。現在は創業者の娘にあたる金子《かねこ》美栄《よしえ》さんが店を切り盛りしている。宝来家は一九四七年創業のこの一帯で最も歴史のある店である。この店と思い出横丁の歴史については、この店の創業者である故・金子《かねこ》正巳《まさみ》による『やきとり屋行進曲』（ことば社）に詳しく記録されており、読み物としてもとても面白い。是非一読をおすすめしたい。

池袋

池袋東口はかつて、人世《じんせい》横丁、美久仁《みくに》小路《こうじ》、ひかり町、栄町通の、四つのヤミ市起源の横

池袋「美久仁小路」

丁が残る、ヤミ市好きには堪らない街であった。ところが、二〇〇七年頃にひかり町は取り壊され、二〇〇八年には池袋の横丁の中でも最も存在感のあった人世横丁までもが取り壊され、四つあった横丁がこの数年で半減してしまった。

終戦直後、池袋は後背地に食料品の産地があったことから他のターミナル駅と比べても大きなヤミ市が形成された。また、朝霞《あさか》には進駐軍の基地があったことから、豊富な米軍の物資が池袋には集まりやすかった。

豊島区は戦時中都内でも屈指の激しい空襲の被害を受けた場所であり、区内の七割を米軍が投下した焼夷弾によって焼き尽くされてしまっていた。終戦を迎えたあとは、都内でも最大級の規模を誇るヤミ市が形成された。池袋駅には山手線が通っており、埼京線《さいきょう》、西武池袋《せいぶいけぶくろ》線、東武東上《とうぶとうじょう》線の終点でもあったことから、交通の便が良く、ヤミ市が発達するに適した交通の要所であった。池袋から延びる鉄道の沿線の多くの街は、あまり空襲の被害は受けなかった。そのため池袋には連日のように購買力のある地域から多くの人々が買い物に訪れたためヤミ市が巨大化し、大変賑わった。

池袋駅東口には広大な焼け跡があったことから、戦後、すぐにヤミ市が発生した。池袋ではヤミ市が早い段階で組織化され、いち早く長屋式マーケットが建設されていた。池袋には一三箇所もの木造長屋式マーケットがあり、商店は一二〇〇軒以上存在した。中でも最大きかったのは「森田組東口マーケット」で、一～二坪の店舗が三〇〇軒、整然と五列に配置されていた。池袋駅西口はテキヤ組織と中国人・朝鮮人との間でのマーケットの利権争いで荒れていた。一方、東口は森田組を中心とするテキヤ組織によって統率されていたために、行政との連携が取れており、西口のような縄張り争いは起きなかったようだ。

池袋東口の「森田組東口マーケット」が整理されたのは一九四九年だが、東池袋一丁目、二丁目、西池袋一丁目に施行された区画整理事業による立ち退き要請を受けてのことであった。この時マーケット側が土地の所有権を主張することにより代換地を要求し、東京都がこれを認めたため土地の斡旋を受ける形で人世横丁が形成された。美久仁小路、栄町通り、ひかり町についても同様の経緯で形成されている。池袋東口から離れたところにそれぞれ移転したが、その理由の一つとして、現在の東京信用金庫本店の場所に「人世坐《じんせいざ》」という当時名の知れた映画館があり、そこから流れてくる客が見込めたことからと考えられる。

人世横丁のそばにはかつて、戦争犯罪人を収容する刑務所が存在した。もともとは未決囚を収容する東京拘置所であったが、戦後、アメリカ進駐軍が接収して巣鴨プリズンと名づけられた。東条英機《とうじょうひでき》をはじめとする大物も収容されていた。一九五二年にプリズンの運営がアメリカから日本へ移ると収容者の一時出所に関する規制が緩和される。一時出所した戦犯が家族と面会する際に巣鴨プリズンのそばにあった、人世横丁の店を利用することもあったようだ。

今の池袋に現存するヤミ市を起源とする横丁でお酒を楽しむのであれば、美久仁小路にある「ふくろ」をおすすめしたい。横丁にある店としてはかなり広く、二〇席ほどあるコの字型カウンターに加えてテーブル席もある。七、八人で行っても座れたことがあった。ヤミ市横丁の酒場というと狭い店内にギュウギュウに人が肩を寄せ合って座ってガヤガヤやかましい印象があるが、この店の店内は整然としていて騒がしい客もあまり見かけない。メニューは豊富で、刺身も新鮮なものを揃えている。それでいて安い。池袋の横丁にはじめて行くのならば、ふくろのようなハズさない店に行ったあとに、知らない店に冒険してみるのがいいかもしれない。

渋谷

渋谷にはヤミ市が様々なカタチで溶け込んでいる。ガード脇の「のんべい横丁」、渋谷のスクランブル交差点の地下に広がる渋谷地下商店街（通称しぶちか）、渋谷109裏の道玄坂小路の怪しい雰囲気。水が個体・液体・気体といった状態変化をして存在するように、ヤミ市もさまざまなカタチに変換され、街の中で今も生き続けている。

戦前から道玄坂《どうげんざか》、百軒店《ひゃっけんだな》を中心に発展した渋谷ではあったが、第二次世界大戦の空襲によ

渋谷「のんべい横丁」

り、ほとんど焼け野原となった。大きな被害を受けたにも関わらず、現在のような巨大商業地に成長するに至ったのには、戦後急速な住宅供給が行われたこと、駅ビル・東横百貨店の復興、円山町の花街にあった飲食店が空襲から五日ほどで営業が再開されたこと、そして何より、渋谷駅を中心に広がった大規模なヤミ市が発生したことにあった。

渋谷のヤミ市では、地面に敷物や箱を並べ、その上に古着、石鹸、落花生など、食糧や日用品を並べ売っていた。渋谷は新宿と同様、戦前から後背地には住宅地が多く、焼け残ったものが多かったため、渋谷駅周辺のヤミ市は賑わった。渋谷から近い代々木にはアメリカ軍、恵比寿にはイギリス連邦軍が進駐しており、その周辺にいかがわしい職業の女性が増え、彼女らを通じて軍の物資が次第に渋谷駅周辺のヤミ市に流れた。

最初は敷物を敷いてその上にヤミ物資を並べるだけのヤミ市も、露天商たちによって次第に焼け跡の空地に長屋式マーケットが建てられていき、ヤミ市が建物化していった。その姿は、もはやヤミ市ではなく、商店街といってもよい程の完成度だった。これらの建物化されたヤミ市が渋谷区の商店街復興の基礎となったのである。

渋谷のヤミ市は、主に中国人や台湾人が占拠していた。渋谷ではテキヤ組織による統制が完全には取れていなかったために、中国人や台湾人の勢力が強かったようだ。道路に進駐する中国軍を迎えるための凱旋門《がいせんもん》が勝手に立てられてしまうほどであった。中国人や台湾人は警視庁保安課に門の撤去を命じられても、日本の法律は中国人や台湾人に適用できないとして拒絶した。

　その後、一九四六年一一月にＧＨＱが残留朝鮮人・台湾人の連合国民待遇を否定し、日本国籍を有する内容の見解を示したことで、中国人と台湾人の勢力は衰え対立は次第に沈静化する。

　一九四九年には露店整理の勧告が出される。一九五一年に公道上の全露店が閉鎖されるまで、東京都は転廃業者に更生資金を、集団移転する業者にはマーケット建設資金を貸し付け、都有地への斡旋などを行っていた。渋谷には一二〇軒程度の飲食店と二三〇軒程度の物販店の露店が営業していたが、このうち飲食店の半数は都有地を払い下げられて百軒店に移転し、一部はのんべい横丁を形成した。

　その後、一九五七年にできた駅前地下街にも露天商の一部が場所を割り当てられる。地下街建設にあたっては、資金調達に問題があったため露天商たちは当時の東急社長・五島《ごとう》慶太《けいた》と交渉するも、地下商店街に参加しても収益が見込めないことから難色を示していた。露天商組合は、地下街の権利は東急に無償譲渡すること、東急はうち一五〇坪については組合側に無償譲渡することなどを条件に交渉し、東急と合意に達した。ところが、一九五六年に地下街の着工、翌年竣工したものの、東急側が一五〇坪については組合側に無償譲渡する条件などを破棄するという問題が起きた。最初は当然納得の行かない露天商たちは地下街開業後、一時営業を見送っていたが、相手が東急ということもあり勝目はないということで折れる形になり、露天商側の六三店舗も順次開業した。現在では傘や服などを売る店が目立つ渋谷地下商店街であるが、開業当初は食料品店も多くあったようで果物店、バナナ専門店、菓子店など一四店舗の食料品店があり、ヤミ市の名残を色濃く残した地下街であった。

一方で現在渋谷109がある三角地帯は、終戦直後、焼け野原となっていたが、長屋が建てられ、中国人や台湾人やバラックを建てられなかった人が長屋に入り、店が次々とできた。この一帯には一七〇軒前後から成るヤミ市を起源とする横丁が存在し、「すずらん横丁」と呼ばれていた。ここでは餃子屋、中華料理屋、古着屋、パン屋などが軒を連ねた。

その中にアメリカ製のアクセサリーや古着を売っている店があった。荒れ果てた終戦後ということもあり、そこで売られているアクセサリーの数々は多くの女性を魅了し、女性で賑わう繁盛店であった。ある日、客の女性が物を買うついでに、店主に悩みを相談した。交際関係にあったアメリカ人が、結婚を約束したもののアメリカに帰ってしまって、以来何も音沙汰がないという相談であった。そのアクセサリー屋の店主は元軍人で上級将校ということで英語ができたらしい。そこで、店主が英文で代筆し、アメリカにいる交際相手に手紙を書いてあげた。このエピソードがうわさで広まり、本業のアクセサリーや古着を売る店としてではなく、代筆屋として評判になり、英文を書ける人が何人も雇われた。この店の存在により、以前は「すずらん横丁」と呼ばれていたこの一帯は「恋文《こいぶみ》横丁」と改名された。その後、作家の丹羽《にわ》文雄《ふみお》による朝日新聞の連載小説「恋文」（一九五三年）の舞台として恋文横丁は広く知られるようになる。

引揚者マーケット

ここまで出てきたヤミ市は主にテキヤ組織が中心となって運営されてきたものである。ここで働いていた露天商の中には戦時中は満州や樺太《からふと》などにいて終戦とともに戻ってきた、いわゆる引揚者も少なからず混ざっていた。一九四五年頃の日本の人口は七〇〇〇万人弱だったが、そこに引揚者約六六〇万人が流入した。人口の一割にも当たる数が増加したのである。引揚者はテキヤ組織の管理下で露天商をすることもあったが、一方で引揚者同士で団結し、引揚者マーケットとして独立したマーケットを築いたケースもあった。

今でこそあまり感じないが、当時は「引揚者」という言葉に差別的なニュアンスが含まれることもあったようだ。彼らは外地にいるときのリーダー的な人物と引揚げ後も綿密に連絡を取り合い、全国各地で引揚者だけのマーケットが形成された。引揚者には身寄りのあるものもいれば、帰るところのない者もいた。そんな全てを失った引揚者が再起を果たすことを

盛岡「桜山神社参道」

目的として設けられたマーケットであることから、「〇〇更生市場」などと名付けられるケースが多かったようだ。

引揚者が戦後、日本の文化に与えた影響は大きい。食べ物でいえば明太子、餃子、盛岡名物として知られるじゃじゃ麺などは引揚者により持ち込まれて普及した食べ物である。そのじゃじゃ麺の発祥の店は白龍《パイロン》という盛岡市内にある店なのだが、今では盛岡を訪れる観光客で賑わう大人気店となっている。店は時刻を問わず混んでおり、毎日のように行列をつくっている。じゃじゃ麺は、茹でた平うどんに「じゃじゃみそ」という特製の肉みそやキュウリ、おろしショウガ、それにお好みで酢やラー油などをからめて食べる麺料理である。麺を食

じゃじゃ麺で有名な「白龍」

べたあとの器に生卵をとき、麺の茹で汁を注いでもらい、テーブルの上にある塩やコショウなどで適当に味を調えると「鶏蛋湯《チータンタン》」というたまごスープができる。このスープをシメに飲むのがお決まりだ。

白龍の創業者・高階貫勝《たかしなかんしょう》（故人）は岩手県南部の出身で、第二次大戦前に中国東北部（旧満州）に移住。昭和二〇年代半ばごろに妻の出身地である盛岡に引き揚げ、手作りギョーザの屋台をやっていた。中国で食べた「ジャージャー麺」の味が忘れられなかったのか、ギョーザの皮を作った残りの粉で麺を打ち、みそを作り、屋台の客にじゃじゃ麺を出した。これが盛岡のじゃじゃ麺の始まりだという。とてもシンプルな食べ物だが食べ重ねるうちに惹かれていくB級グルメである。

この白龍がある一帯は現在、桜山《さくらやま》参道人情商店街として地元の人々に終戦直後から愛され続けている。盛岡城跡地の一角にある桜山神社の境内地に形成された商店街である。引揚者が結成した「盛岡引揚者更生連盟」が開いたヤミ市を起源とする。当初は桜山更生市場と呼ばれており、現在この一帯の土地は、神社の土地や私有地が混在しており、約五九〇〇平方メートルの場所に九〇軒近い店舗が並んでいる。

この桜山界隈の形成史を研究している中島和也《なかしまかずや》と、何度か調査に訪れたことがある。その時に桜山で育ち、現在もここで薬局を営む髙橋司《たかはしつかさ》さんにこの界隈の歴史についてお話を伺った。今では桜山神社参道には観光客や地元の客しか見られなくなったが、一九六〇～七〇年代は道端で遊ぶ子供たちが多くいたようだ。現在、この参道に住む人はほんの数人になってしまったが、昔は店舗の二階を住居とする人が多くいたという。また、当時は今ほど居酒屋が多くはなく、この桜山界隈にいるだけでなんでも揃うほど多様な店が集積していたという。まさに桜山神社参道は一つの街を形成していたといえるほどに。その名残もあり、今では飲み屋街のカラーを強めた参道ではあるが、日用品店をいたるところに見つけることができる。

この桜山神社界隈にある店はどれも老舗というわけではなく、近年オープンした若い人が営むカフェなども数軒みつけることができた。かつては訪れる人の年齢層が高かったこの界隈で、若い人の店が出来始める、その突破口を開いたお店があった。「ニージュ」というカフェバーだ。この桜山界隈の魅力をいち早く感じとり、その素晴らしさを若い世代に知ってほしくて、店をはじめたという。私が散策しているときも、この店には客なのか近所の人なのかわからないが、多くの人たちが入れ替わり立ち替わり訪れ、店の裏で店員と談笑していた。若い人たちもここでコミュニティを形成しているのが見受けられた。このニージュという店が出来たことにより、界隈には他にも洒落《しゃれ》たカフェが数軒それに続くように開店した。かつては静かだったこの一帯に新しい息吹が吹き込まれたことにより、若い人も訪れるようになり活気が生まれつつある。（ニージュは二〇一三年に惜しまれつつも閉店している。）

一方で、この桜山界隈は度々存続の危機にさらされている。二〇一〇年、盛岡市はこの一帯の建物を全て撤去して土塁を築く計画を発表し、地元住民との対立があるようだ。戦後から様々な歴史やドラマが何層にも積み重なる、この奥深い空間を更地にする方針には地元から反対意見が多いようで、スムーズには実現できないようだ。

飲み屋街化しなかったヤミ市

戦後のヤミ市を起源とする横丁は飲み屋街と化しているところが多い。ハモニカ横丁でも飲み屋は増え続けている。どの横丁も、戦後のヤミ市時代から飲み屋ばかりだったわけではない。時間の経過とともに、徐々に物販店が減っていった。狭く限られたスペースで出来る商売というのは限られてくるのかもしれない。また、居酒屋経営は商売を経験したことがない人が始めやすい商売であるからだろうか、横丁のような個人経営者の多い場所で多く見受けられる。

新潟市「人情横丁」

近年のハモニカ横丁において特徴的なことは、新たにできる店の多くが飲み屋であることだ。そのせいか、飲み屋が多い通りは昼間に訪れるとシャッター商店街と見なされてもおかしくない。ハモニカ横丁の老舗・なぎさやの通路を挟んだ向かいの居酒屋・万両《まんりょう》は、夕方にならないと開店しないが、なんと昼間もシャッターを下ろさずに開けっ放しである。ただでさえ外壁がなく通路に対してむき出しの状態であるにも関わらず。外からは見事に店内が丸見え。これは昼間周囲の衣料品店、食料品店などが営業中にすぐそばある店のシャッターが閉まっていては、通行人が辺りを通った時に寂れた印象を与えてしまうかもしれないということに配慮したものだ。これに対して、なぎさやの店主は「昼間もシャッターを開けてくれて本当に助かっている」といっている。店内のテレビが昼間もついているが、通行人が通りすがりにテレビに目をやって気になる番組がやっていると、ふと足を止めたりする。ワールドカップ・ブラジル大会の日本戦のときも、かつての街頭テレビに群がるように人が集まっていた。しかしながら、このように昼間にシャッターを開けている居酒屋は滅多にない。多くの居酒屋は、昼間はシャッターを閉めている。

そんな中、全国各地の横丁を巡ってみて、ユニークな横丁を見つけることができたので紹介しておきたい。日本海側最大の都市・新潟市にあるヤミ市を起源とする横丁である「人情横丁」(本町中央市場商店街協同組合)だ。この横丁には居酒屋が一軒もない。それどころかラーメン屋・蕎麦屋などの飲食店でもアルコールを出す店がない。これは商店街全体でアルコールの販売を自粛しているからだ。今では少なくなったが、かつて人情横丁の近隣には住宅が多かった。そのため、人情横丁で飲み屋が軒を連ねるようになれば、そばの繁華街・古《ふる》町《まち》でお酒を楽しんだ酔っ払いが大勢押し寄せ、近隣の住民に迷惑をかける可能性がある。今でこそ人情横丁界隈は落ち着いた雰囲気のある場所だが、かつてこの界隈は夜になると大変な賑わいで、酔っ払いが大勢いたことから、夜になると子供が近づけるところではなかったという。そういったことから人情横丁では誕生から現在に至るまで、近隣の住民に配慮してアルコールの販売を禁止している。近年では、商店街組合で一、二杯のアルコールの持ち込みは許可された。そうしたこともあり、持ち込みで缶ビール一本やワンカップ一杯程度店内で飲むことを許可する店が出てきている。

アルコールの販売を許可していれば、今の人情横丁とは全く異なる横丁となっていただろう。アルコール販売を規制しない限り、他のヤミ市起源の横丁の多くと同じように飲み屋街化していてもおかしくはない。周囲の居酒屋が、昼間はシャッターを閉めているなかで物販店だけで昼間の賑わいをつくるのが難しいことは想像できる。そのせいか、多くの場合、商店街か飲み屋街かの二者択一を迫られている。

人情横丁でアルコールの販売を規制している第一の理由は近隣の住民への配慮であることは先に述べたが、第二の理由として、人情横丁が魚などを扱う露店を起源としていることを大事にし、飲み屋街ではなく商店街として今後も続いていくことを目的としている側面もあるという。

この横丁のある土地は新潟市の持ち物で、地代を払っているのは商店街組織であり、建物の所有所は商店街組織なのである。そのため、各店のオーナーは商店街組織に家賃を支払っている。この家賃が人情横丁の場合ととても安い。居酒屋などの客単価の高い商売ではなく、ちょっとした雑貨や食料品の物販店でもやっていける。そのため、駄菓子屋などの安価なものを扱う店も多く見受けられる。もし仮に家賃が高くてアルコールの販売を禁止していたら、商売をつづけることは難しいだろう。

人情横丁は一九五一年に設立され、現在は四〇弱の店舗が軒を連ねている。

終戦直後、食料不足や過度なインフレの影響でヤミ市が新潟市でも発生した。新潟市内には約七〇〇〇人の露天商がいた。しかし、それらは都市整備の過程で整理されることになり、移転を余儀なくされた。このうち本町通りに出店していた露店の移転先は、それまで新津屋《にいつや》小路堀《こうじぼり》と呼ばれる堀があったが、移転に合わせて埋め立てられた。その上に建物が建てられ、いくつかの露店が移転した。これが現在の人情横丁である。(新潟市は、江戸時代には二七の堀と、堀に架かる橋が一三三本もあった。古町界隈にも多くの堀が存在したが、現在ではその全てが埋め立てられている。)

こういった川や堀の上にできたヤミ市を起源とする横丁は全国各地にあったが、その多くが今では姿を消していることを考えれば、現存する人情横丁はとても貴重な存在といえるだろう。

魚などを扱う露店が多かったことから、誕生当時の人情横丁もまた生鮮食品を扱う店が多く、約八〇店が軒を連ねていた。現在の店舗数は四〇弱であるが、店舗数が減少している理由は、空き店舗が発生しているわけではなく、空き店舗が出ると隣の店が借り、既存の店が拡大しているからである。

現在、人情横丁で魚を扱う店はわずかになってしまったが、新潟の地魚の浜焼きを販売する阿部鮮魚店は、新潟ヤミ市の原風景を残す貴重な店である。現店主の母親が終戦直後に露店で魚を売っていたのが始まりである。缶ビール一本片手に店を訪れ、魚を購入して軒先で腰掛けて魚とビールを楽しむ観光客が多いようだ。新鮮で脂ののった美味しい魚を焼きたてで楽しむことができるのはうれしい。

阿部鮮魚店

江戸時代の都市整備と終戦直後のヤミ市によって形成された人情横丁に魅了されて近年出店を決めた人もいる。蕎麦店「あき乃」店主の遠藤孝夫《えんどうたかお》さんだ。新潟県小千谷《おぢや》市特産の、つなぎに布海苔《ふのり》を使ったへぎ蕎麦を提供している。個人的には蕎麦屋であれば、蕎麦を食べる前にアルコールをいただきたくなるところであるが、この店もやはりメニューにアルコールはなく、持ち込みであれば、ビール一缶程度であればどうぞといった具合である。

人情横丁で商売をしている方に話を伺っていて驚いたことは、アルコールの販売をしたい経営者は少数で、多くはアルコールの販売には関心がないということだ。アルコールが付き物のヤミ市起源の横丁だが、新潟市で見つけた人情横丁というノンアルコール横丁は非常に興味深かった。

第五章　ハモニカ横丁の人々

ここからは終戦直後から吉祥寺駅前で商売を営んできた二人の証言を元に、吉祥寺ヤミ市の風景を記述してみたい。筆者は二〇〇四年から二〇〇六年の間、継続的に吉祥寺でインタビュー活動を行ってきた。ここではその代表例として、今もハモニカ横丁で干物店を営む入《いり》澤勝《さわまさる》氏と、かつて八百屋を営んでいた水野《みずの》秀吉《ひできち》氏の話を取り上げる（以下、敬称略）。

干物店「なぎさや」店主・入澤勝

干物店「なぎさや」は、ヤミ市時代から現在まで経営を存続させている数少ない店の一つである。魚の干物の専門店として知られ、地元に限らず広く愛されている。遠方の客は電話で注文することが多いが、地元の客は店頭で店主のおすすめを参考にしつつ、ショーケースに並ぶ種類の豊富な干物を見ながら選んでいる。常連客には著名人も多く、雑誌やテレビな

左から入澤淳之介、入澤勝、小野正明

ど様々なメディアで取り上げられる人気店だ。現在は二代目店主の入澤勝、息子の入澤淳之介《じゅんのすけ》、終戦直後からずっと勤めている小野正明《おのまさあき》の三人で店を切り盛りしている。上等な干物を扱う店ということもあり、お中元やお歳暮の時期には注文が殺到する。これらの繁忙期には店主夫人の康子《やすこ》、長女の智子《ともこ》も店を手伝う。

現在の店主・入澤勝の父・研次《けんじ》（故人）は、戦前には航空技術者として生計を立てていた。戦時中には軍隊に召集されていたが、終戦を迎える前に帰還していた。研次は一九〇二年生まれであり、四三歳で終戦を迎えた。家族構成は、父・研次、母・マサ、長女・静子《しずこ》、長男・力《つとむ》、次男・健《たけし》、三男・勝（現店主）、四男・豊《ゆたか》、五男・進《すすむ》である。

研次は帰還して間もなく、深川《ふかがわ》で換気扇を制作する工場を持って家族を養っていた。だが、日増しに空襲が激しくなり、民家の密集する深川で生活することが危険になってきたため、他の家族は長野の別所《べっしょ》温泉の旅館で二年間疎開生活を送っていた。

終戦を迎えて間もない一九四五年九月、別所温泉の旅館の二階で疎開生活を送っていた勝は疎開中の他の家族と共に、父親のいる東京に戻った。このとき、疎開先から多くの荷物を持ちかえることはできなかったというが、梅干を漬けるための壺は貴重品であったことから、この壺を含めたわずかな貴重品と共に引き揚げてきたという。

再び家族全員での生活となった。しかし、深川の空襲による被害は大きく、ここで再起を果たすには時間がかかると考え深川で家族全員での生活を再開することは断念した。そして、わずかな伝手《つて》を頼って空襲の被害が少なかった吉祥寺に移り、井の頭公園付近の住宅を間借りした。吉祥寺に移ってからは、再び換気扇の工場を持つ資金力はなく、すぐに金になる商売をはじめる必要があった。そこで選んだのが食料品を扱う商店であった。少ない資金ですぐに商売を始めることができ、手っ取り早かったのだという。

吉祥寺のヤミ市で露店を始めると、研次は千葉の漁村に仕入れに行き、子供二人が露店に立った。子供二人とは、一九二七年生まれで当時一八歳の長女・静子と、一九三一年生まれで当時一四歳の長男・力だった。三人は他の家族とは別に、吉祥寺駅近くの焼け残った物置を住まいとした。朝日新聞社事業開発本部編『戦中戦後・母子の記録　第六巻　生きぬいて』に静子（山室静子）が「闇市の青春時代」という題名で、吉祥寺駅前のヤミ市での生活を回想した文章を寄せているので引用したい。

「父は千葉の漁村に買出しに行き、駅前の焼け跡にできた闇市で、姉弟が売った。魚を売りつくすと、闇市を牛耳っている香具師から雑貨を分けてもらって売った。（中略）資金がたまったので、古い屋台を手に入れ、焼け残ったガレージの中でおでん屋を始めた。住まいである物置で、野菜をおでんらしくこしらえ、大釜で煮、それを姉弟でかついで駅前まで運んだ。ウイスキーも売った。薬用アルコールに紅茶と砂糖を混ぜて、薄めたものである。（中略）おでん商売で資金がたまったので、闇市の一角に店舗を持つため、荒稼ぎをしようというわけである。」（山室静子「闇市の青春時代」〔朝日新聞社事業開発本部編『戦中戦後・母子の記録　第六巻　生きぬいて』笠原政江、一九七九年、六－八頁〕）

「焼け跡」との記述があるが、実際には吉祥寺駅前に爆撃の被害はなかったので、建物疎開による更地のことを指している。

研次は買い出しに行く際は、早朝に出かけて夜遅く帰り、イカなどを仕入れては姉弟で売ったようだ。その後、更に資金を貯めてハモニカ横丁の一角に店を出す記述がされている。このことからも、資金のない露天商は駅前に発生したヤミ市でのショバ代を捻出できず、駅から離れたところで細々と商売をすることを余儀なくされたといえそうだ。つまり、だれもが最初からヤミ市で商売をできたわけではなかった。これはどの街にもいえることだが、ヤミ市は駅周辺で広がった。駅から遠ければ、統制品を所持していたとき移動中に警察から没収されかねないので、電車が着いたらすぐに売り抜けるために駅の近場でヤミ取引をする必要があったからである。

当時、東北の石巻へ生利節《なまりぶし》（カツオなどの魚を使った加工食品）を仕入れに行くこともあったという。小さく軽いので運びやすく、しかも高価であったため利幅が大きく、割の良い品物であった。また、この頃はまだ駅近くに焼け残った倉庫の中で売り物の野菜やアルコールの瓶の積まれた間で親子三人で寝ていたようだ。

その後、ハモニカ横丁の一角に店を持った頃に吉祥寺東町に引越し、ようやくまともな住環境を手に入れることができた。この頃から支店を出すまでの資金を貯めることに成功し、一九五五年頃から新たに二店舗出店することになった。このとき現店主の勝は高校二年生であった。新たに出店した武蔵境《むさしさかい》の桜堤団地《さくらづつみだんち》は住居も兼ねた本店として東町から引越し、元々のハモニカ横丁の店を支店とした。その後まもなく国分寺《こくぶんじ》駅北口にも支店を出した。二つの

干物店「なぎさや」

新しい店はそれぞれ研次の長女・静子と長男・力が切り盛りすることになった。前身のヤミ市時代の露店を研次とやってきた二人である。

　終戦からわずか一〇年で支店を二つと新たな住居を手に入れたところから察するに、終戦直後の当時、いかにハモニカ横丁の食料品店が繁盛していたかがわかる。終戦直後から現在に至るまで、なぎさやの二坪の店舗はずっと変わらない。この小さな店舗に最大で七人の従業員がいたという。いったいどうしたら二坪の店舗に七人もの従業員が動けるのか不思議だが、それでも人手が足りない日もあったというから驚きだ。

なぎさやの店舗は前面の通路ぎりぎりのところにショーケースを並べている。年末の多くの人で賑わう時期などは、そのショーケースの前に立ってケースの中に商品を並べていると、凄まじい人の流れに体ごと持って行かれてしまったという。近年では正月になると多くの人で賑わう上野のアメ横が風物詩のようにテレビで中継されるが、それに近い賑わいであったようだ。また当時は駅の改札がハモニカ横丁の正面にあり、しかも、駅ビルの商業施設ロンロン（現在のアトレ）の出入口もその改札のすぐ脇にあったことから、人の流れが自然と横丁の入口付近にもできた。

一九六五年に明治大学政経学部を卒業した勝は（ちなみに、本人に在籍した「学部」を尋ねると、「山岳部」としか答えない）、一年間だけ東武東上《とうぶとうじょう》線沿いの上福岡《かみふくおか》駅近くの鮮魚を中心に揃える食料品店で修行し、その後、実家のなぎさやで働き始める。この頃、研次は六三歳と高齢であったため、店頭に立つことは少なくなった。その後は商店街組織の運営に力を注ぐようになり、ハモニカ横丁全体の商店街組織である吉祥寺北口駅前商店街連合会の会長にも就いた。

支店を構え、売上を順調に伸ばすなぎさやであったが、勝と一回り以上年の離れた兄姉が切り盛りする店舗は、店主の高齢化と後継者の不在により店を閉めることを余儀なくされた。当時三店舗あった店は、今ではハモニカ横丁の店舗のみとなっている。

初代店主・研次は一九八〇年に亡くなる。一九七〇年代後半までのなぎさやは、さまざまな食料品を売る店であったが、それ以降の二代目の勝に代わってからは魚の干物に特化した専門店となった。百貨店などが次々と進出する中で、何かに特化しなければ生き残っていけないという時代の変化に対応したものであった。一九七〇年代の時期は定かではないが、駅ビル・ロンロンの入口が改札の脇だけではなく高架下のいたるところにできると、横丁にあった大勢の人の流れは徐々に分散した。一九八〇年代には伊勢丹《いせたん》、東急《とうきゅう》、丸井《まるい》といった百貨店が次々に完成した。個人商店が商売を続けるにあたり厳しい環境となっていった。横丁の物販店の多くが姿を消さざるを得なかった。しかし、なぎさやは店を専門店化させ、堅実な営業を続けることで店を取り巻く環境の変化があってもその影響をあまり受けることなく、店を存続させている。

ここまで、戦後ヤミ市から現在に至るまでのなぎさやという一つの店の歴史を辿った。このように、ヤミ市時代は地べたに食料を並べるだけの商売であったが、その後、屋台を手に入れ、さらに資金が貯まると、駅前の一等地のヤミ市でバラックの常設店舗を獲得した。この一連の流れは、人間が幼児から成人へと成長を遂げる過程のようにも見える。まさになぎさやは生き物のような成長を経て現在に至っている。

元八百屋経営・水野秀吉

次にハモニカ横丁で終戦直後から八百屋を営んでいた水野秀吉の証言を元に生い立ちを辿ってみたい。

水野は一九三二年東京都中野区生まれ。戦時中は学徒動員により西武池袋線《せいぶいけぶくろせん》の車両整備をしていた。水野の兄は学徒動員により軍需工場で働いていた。水野の父親は戦前、新宿で建築の内装関係の仕事をしていたが、戦争により仕事を失う。戦前から新宿で仕事をしていたこともあり、関東尾津組《かんとうおづぐみ》の尾津喜之助《おづきのすけ》親分と博打仲間として親しかった。博打仲間から始まった縁ではあったが、たちまち尾津親分が統率していた新宿東口のヤミ市で露天商として働くことになった。しかし、水野の父親は交友関係が広く忙しかったこともあり、当時まだ一〇代前半の水野が父親に代わり露店に立つことが多くなっていった。ヤミ市で気をつけていたのは、復員兵とのやりとりだった。復員兵の中には精神的に不安定で物事の分別がつかなくなっている者がいたことから、接する際は注意が必要だったという。露天商の多くは復員兵をはじめとした成人であったため、一〇代前半で露店に立つ水野は大変目立った。そのため、通行人は幼くして露店に立つ水野に同情することが多く、水野の露店は大繁盛であったという。こうして露天商としての取り組みを通じて尾津親分から信頼を得ていった水野は、新宿東口の新宿通り沿いの露店を管理する立場になる。ヤミ市で働く露天商には売上金を過少申告するなどさまざまな不正を働く者がいたため、そういった不正行為を見つけるたびに世話役に報告する役目を担っていた。しかし人の悪事を報告する役目であっただけに、報告され罰を受けた露天商からの報復を度々受けることがあり、間もなく新宿を離れることを余儀なくされた。

新宿ヤミ市を離れた後、新天地に選んだのが吉祥寺であった。吉祥寺ヤミ市にはＰＸ（進駐軍向けの売店）からの横流品が並ぶ中華マーケットがあり、大変賑わっていたことがその理由であった。また、水野は新宿で尾津喜之助親分との交友関係があったため吉祥寺駅前で露店を出す位置などで優遇され、駅から最寄りの位置で商売をすることができた。

武蔵野市は、昔から今日に至るまで富裕層が多く住む場所として知られる。戦後の吉祥寺のヤミ市にもそういった富裕層の客が多くいたため、当時としては贅沢品といえるみかんは高値であるにも関わらず、飛ぶように売れたという。一九四五年当時一三歳であった水野は、幼さゆえ体力的にあまり重いものを運ぶことはできなかった。そのため、みかんのような子どもでも運べ、高値で売れる物は好都合であった。前述のなぎさやも戦時中は生利節という小さく軽量でありながら高価なものを仕入れていたことを思うと、当時は輸送の手間と利幅を天秤にかけて、できるだけ運ぶ手間を考えたときに割の良い商品を選ぶことが極めて重要であったことがわかる。

水野は仕入れのため、知り合いの伝手でみかんの名産地である静岡の問屋へ出向いた。東

水野秀吉

京から静岡までの交通手段はもちろん列車であった。一般の人々にとって切符の入手は当時極めて困難であったが、水野にはテキヤとの繋がりがあったため、切符の手配に困ることはなかった。テキヤが組織的に戦災孤児を東京駅八重洲《やえす》口で列車の整理券を求める行列に並ばせていたため、いつでも思い通りに列車に乗ることができた。みかんの時期が終わると御前崎《おまえざき》へ天日干しによって作られた高品質な塩を仕入れにいった。この塩を東京へ持ち帰り農家に売った。塩は高価であり、何より嵩張らないため、運搬の手間を考えると割の良い品物であったという。農家は漬物などの保存食を作るために、長持ちする天日干しの塩を求めた。海水を窯で熱して作った塩と違い、御前崎の天日干しの塩は高品質で大変貴重なものであった。これにより水野は農家から顔を覚えられ、米などの食料を手に入れるきっかけをつくり、手に入れた米をヤミ市で売ったという。

水野は復興が一段落した後も吉祥寺で八百屋を続け一九八〇年代まで長らくハモニカ横丁で八百屋を経営した。一九九〇年にはハモニカ横丁全体の商店街組織である吉祥寺北口駅前商店街連合会の七代目の会長に就任し、同職を長年勤めた。ハモニカ横丁が注目を集め始めた頃のマスコミへの対応をしていたのは水野であり、横丁の影の功労者と言って良いだろう。体力の衰え始めた一九九〇年代からはカラオケ店を営み二〇〇四年に閉店するまで六〇年近くハモニカ横丁で商売をするに至った。

第六章　ハモニカ横丁の戦後

終戦直後のハモニカ横丁

成蹊大学政治経済学会による『武蔵野市（中）』（武蔵野市）に一九五三年当時のハモニカ横丁の一角の地図が掲載されている。これを元に当時の横丁を読み解いていきたい。

水野の話によれば、この地図が書かれる少し前に、横丁一帯の建物に大きな変化があったという。一九五〇年頃までは終戦直後のバラックのような建物がいくつも並ぶ雑然とした造りだった。しかし、終戦から五年ほど経ったこともあり、当時横丁にあった店の多くはある程度の資金を得ることができていた。そのため、一九五二年に横丁一帯で建替えが行われたという。ただし、このとき武蔵野市役所に無許可で強行的に建替えを行った。事前に建築に必要な材料を加工するなどして万全の準備をして、武蔵野市役所が休みの日曜日を見計らって一気に建物の骨格を造ったのだそうだ。翌日、出勤してきた武蔵野市の職員は横丁一帯の変貌ぶりに驚いたという。無許可だったこともあり、市の職員により商店街の責任者はこっ酷く叱られたという。この地図はこの建替えが行われた直後のものということになる。

終戦からわずか八年後のハモニカ横丁ということで、地図からはヤミ市時代の名残を数多く読み取ることができる。まず目を引くのは地図上左側の「さけ」という表記のある間口の狭い店が数多く軒を連ねる一帯である。これらは一杯飲み屋である。現在でいうところの祥和会にあたるエリアであり、地図上には「のみや横丁」という通りの名前が書かれている。他の通りが「市場」や「マーケット」と表現されるのと比較すると、総じて飲み屋が多く、飲み屋街として認識されていたようだ。間口の幅は一・五メートルほどで、現在でも敷地の統合がされずに当時の間口のままの店舗もいくつか存続している。

横丁の北面に位置する地図上の仲町通り（現在のダイヤ街チェリーナード）に出た露店が、この通りの商店主から営業の妨げになっているということで場所を追われ、のみや横丁に大勢移転してきたため、他の通りに比べて極端に間口の狭い店が多くなっている。「W．C」の表記があるが、これは当然トイレである。当時、横丁の店にはトイレを完備している店がなかったことから、横丁の中に一つ共同トイレを設けなければ保健所から飲食店の営業許可が降りなかったため、設置されたものである。こういった共同トイレはハモニカ横丁に限っ

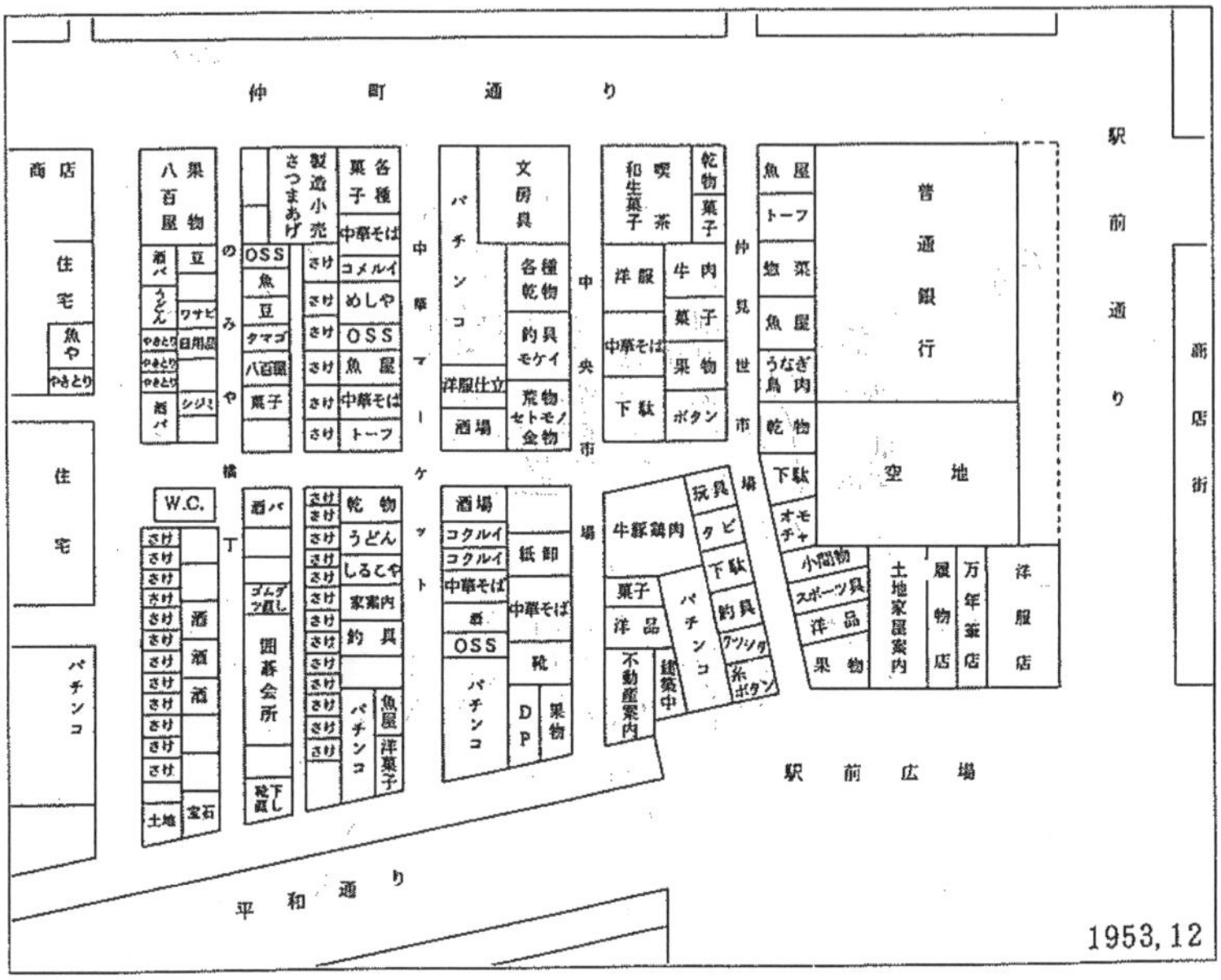

1953年当時のハモニカ横丁。成蹊大学政治経済学会『武蔵野市（中）』（武蔵野市、1954年、689頁より）

た話ではなく、同じように店内にトイレのなかった新宿「思い出横丁」や渋谷「のんべい横丁」にも存在する。のみや横丁一帯には空欄となっている箇所が数多く存在するが、これらの多くは、横丁の店の倉庫として利用されていた。飲食店の倉庫というよりは、食料品店が店舗とは別に在庫商品を置いていた場所である。空欄の箇所の多くは今では店舗として利用されるようになっているが、中には今でも倉庫となっている場所もある。

この通りには靴下直し、ゴム靴直しの店が見られる。今でこそこれらのものは消耗品として安価に手に入るものだが、当時は高価な品物であったことから破けたり傷んだりする度にこういった店に持ち込まれた。当時だからこそ成り立った商売といえるだろう。下部には宝石店がある。この店は「モルガン宝飾店」として現在も営業しているが、終戦直後にこういった贅沢品を扱う店が存在し得たのは、昔から富裕層が多く住む武蔵野市であったからこそなのだろう。シジミ、ワサビ、豆といった食料品店が見受けられるが、これらはヤミ市時代には表向きはそれらの商品を扱いつつも店内の奥にヤミ米を隠し持っており、実際にはヤミ物資を扱うことが多かったようだ。

その隣の現在の朝日通り商店街には「中華マーケット」という表記がある。終戦直後、中国人が管理し、その後、豊富な資金を持つ華僑《かきょう》が借地権を買収した一帯である。ここで働いていた中国人の多くは、戦時中は武蔵野市内の軍需工場で徴用により動員されていた人々だった。終戦とともに軍需工場は機能を失い、徴用の中国人は無職になったことから新たな職を求めた。その要望に応えたのが豊富な財を有していた華僑のネットワークだった。彼らは借地権を買収して中華マーケットを設け、職を失った多くの中国人がここで働くようになった。この通りにはパチンコ店が三軒あり、これらは今でもアジア系外国人が経営することが多い業種である。「ＯＳＳ」と書かれている店が二軒あるが、これは「Over Seas Supply」の略であり外国製品を扱う店である。終戦直後、都内には進駐軍専用の売店が点在していたが、日本人は出入りすることが許されない一方で、中国人、朝鮮人は出入りすることができた。日本円が欲しい米兵は中国人、朝鮮人に品物を横流しした。こうして手に入れた貴重な外国製品を店に並べ商売をしたのが「ＯＳＳ」と書かれている店である。こういった外国製品は日本人にはなかなか手に入れることができなかったので、華僑が集まる吉祥寺のヤミ市は評判となった。水野も「華僑が中華マーケットをつくったから、吉祥寺のヤミ市に来ればなんでも揃うということで人がたくさんやってきた」と話す。その反面、この通りで今も続くラーメン屋「珍来亭《ちんらいてい》」の先代の話によれば、終戦直後の中華マーケットは縄張り争いで銃撃戦も繰り広げられる危険な場所だったという。

　中央市場と書かれた通りは、現在の中央通り商店街である。「釣具モケイ」とあるのは歌《うた》川《がわ》模型店であり、二〇〇四年まで横丁で営業していたが店主の死去と共に店を閉めた。現在は店主の妻が横丁を離れ、武蔵野市内にある自宅の一部を店舗に改装して店を存続させている。模型マニアの間では大変有名な店で、全国的な知名度を誇る。「不動産案内」とあるのは村上不動産であり、この店はこの後も長く続くが、店主の村上は長く武蔵野市議会議員を務め、その後の吉祥寺駅周辺の都市開発でも活躍した人物である。今でこそハモニカ横丁の商店街組織は市内の商店街組織間での影響力は弱くなってしまったが、当時は武蔵野市の中で影響力を持つ人物を輩出するなど、存在感のある商店街であった。地図を見てわかるように、この通りは食料品をはじめとした小売店が多い通りであったが、今ではモダンな飲食店ばかりが並び、最も様変わりした通りである。のみや横丁や中華マーケットとは違い、間口が広い店が多いのも特徴的だ。

続いて仲見世市場と書かれている通りは、現在の仲見世通り商店街である。中央市場と同様に「市場」と表現されていることからも分かるように、食料品を扱う店が多い。また、比較的に間口の広い店が多いのも中央通りとの共通点といえる。これら二つの通りは、戦前から商店街が形成されていた一帯だ。戦前の建物の基礎を用いて戦後に店舗が再形成されたことから、戦前の間口がそのまま残されて間口が広くなっている。のみや横丁や中華マーケットは戦後の混乱期に形成されたために、間口が狭い店が並んでいる。また、仲見世市場で特徴的なのは、他の通りと違って形状がまっすぐではなく途中で屈折していることだ。その屈

今はなき履物店「岡村屋」

折点に「乾物」とあるが、これは現在も営業している干物店「なぎさや」である。その「なぎさや」の下部には「下駄」との表記があるが、これは二〇〇七年まで営業していた履物店「岡村屋」である。この店は軒先の通路にも商品を陳列していたので、店の前を通り過ぎると、まるで店内にいるかのような感覚があった。店と軒先の通路の境界線を感じさせない、横丁ならではの空間の使い方をしていた。

同店は創業一〇〇年以上の老舗《しにせ》で、戦前は亀戸で営業していたが空襲により大きな被害を受けたために、吉祥寺駅前に移転してきた。終戦直後は下駄を扱っていたが、その後は時代の変化とともに婦人向けの靴をメインに扱う店になった。それから長く続いてきたが、さらに時代は変わり婦人向けに特化した品揃えがあまり受け入れられなくなったことと、従業員の高齢化が原因で閉店した。

吉祥寺駅周辺の都市開発

吉祥寺駅前は戦後復興に従い急激に成長し、商店街は大変な賑わいであった。ところが、昭和三〇年代になると、都市整備の遅れとさらなる郊外化により周辺の市が人口を伸ばす一方で武蔵野市の人口は頭打ちとなり、商業地での成長も停滞する。次第に住民だけでなく、街を訪れる人々からも自然と再開発も求める声が挙がるようになり、吉祥寺駅周辺の整備は急務となっていた。

吉祥寺駅周辺の都市計画は、東京大学の高山英華《たかやまえいか》教授に作成が委託されて検討が始まった。一九六二年に高山研究室作成の都市計画案が公表されたが、既存の街区をいくつかにまとめ、八〇メートルほどのブロックとして、それを単位に街づくりを考えるものであった。しかし、街区単位で考えるということで、道を隔てた反対側との相互関係が失われ、商店街が分断されることが危惧されたため、昔から多くの賑わった商店街を有する吉祥寺駅周辺では受け入れられず、地元商店街の激しい反対により実現されなかった。

その後のプランも地元からの大反対を受けるが、商店街の店主たちの間にも何らかの再開

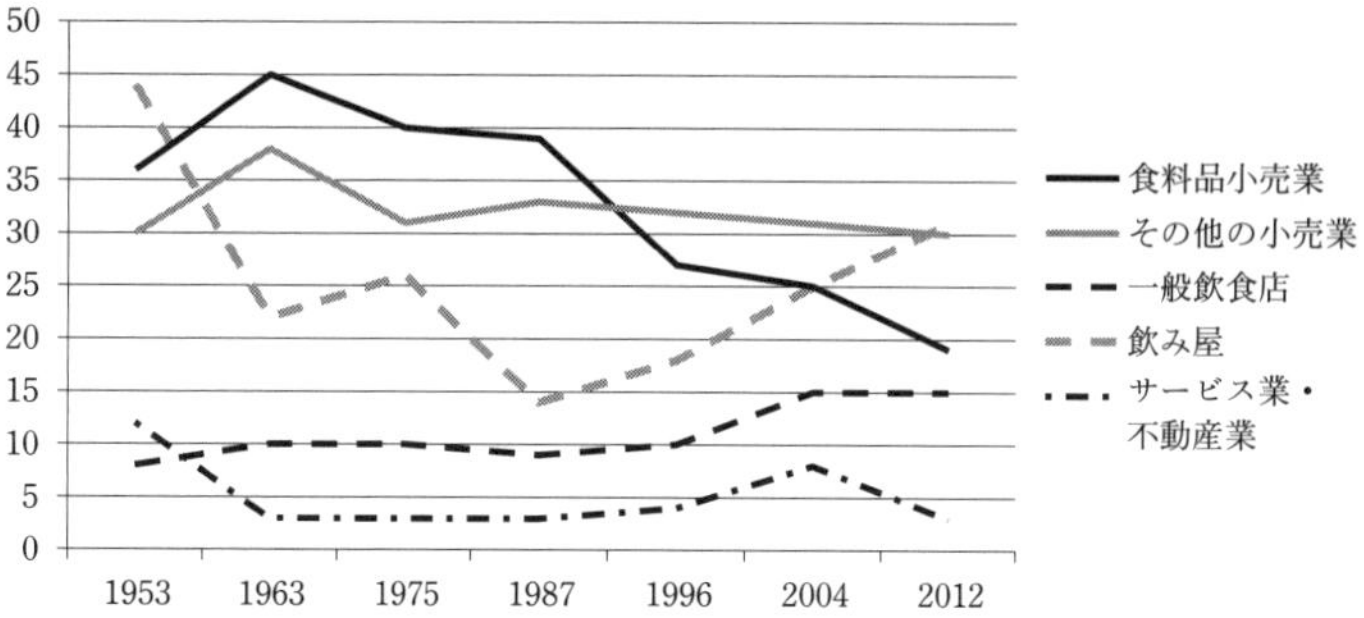

業種別店舗数のグラフ（『盛り場はヤミ市から生まれた』（青弓社）より）

発は行わなければならないという意識は共有されていた。

そこで、早期実現をさせるために、当初の計画からは大幅に内容を削り、主要幹線道路と駅前広場の整備と、街の中心部にあった東京女子体育短期大学跡地（現在コピス吉祥寺が建っているところ）でのビル建設といった最低限の整備を行うことで事業決定がなされた。

これと並行してハモニカ横丁をはじめとした、吉祥寺駅北口の木造低層の建物が密集し防災上問題視された商店街の整備へ向けた話し合いも進められた。改造事業を進めるため、法的な防災建築街区造成組合が設立された。ところがハモニカ横丁は約三〇〇〇平方メートル弱の敷地面積に対し、一〇〇軒前後の店舗が存在すること、そして借地権および借家営業などの権利関係が非常に混み合っていたため、ビル建設に向けた話し合いは進まなかった。

ハモニカ横丁が戦後から変わらない姿を残す一方で、一九七〇年代に入ると、吉祥寺駅周辺の都市整備は着々と進み、街は姿を変えていく。道路の整備が進み、一九七一年の伊勢丹のオープンを始まりとして、近鉄《きんてつ》百貨店、東急《とうきゅう》百貨店、丸井《まるい》、パルコといった大型店が次々とオープンする。吉祥寺駅周辺の百貨店は駅からある程度離れたところにあり、駅を中心として弧を描くように立地している。百貨店は街を選ばずコンスタントに集客力が見込める重要な商業施設であり、これらが駅周辺に密集する商店街の外周部に位置することで、街全体に人の流れが行き渡り、回遊性をもたらした。一九八七年には駅前広場完成を迎え、吉祥寺駅周辺の都市整備は完了した。

業種別店舗数に見る横丁の変容

このような吉祥寺駅周辺の都市整備は、ハモニカ横丁にどのような変化をもたらしたのだろうか。ハモニカ横丁における業種別店舗数の推移を辿ることで明らかにしていきたい。

一九五三年当時多く存在した飲み屋は一〇年後には半減する。のみや横丁にあった飲み屋が店舗敷地を統合させていったためである。一九六〇年代といえば、街には百貨店が進出する前である。そのため横丁では物販店にまだまだ元気があった。特に食料品店については最盛期といっていいだろう。二坪程度の食料品店でも五、六人の店員を雇わなければならない繁盛ぶりだった。当時の吉祥寺駅北口の改札の位置はハモニカ横丁と目と鼻の先にあり、その立地の良さからも横丁には人が溢れかえっていたという。一方で、物流が整い始めたことから、五〇年代には存在した靴下や靴の修理店などのサービス業は姿を消した。一九六三年の時点では飲食店が一〇店舗あったが、そのほとんどがラーメン屋であった。

六三年と七五年の間には、あまり大きな変化がない。多少減ってはいるものの、まだ食料品店を中心に元気があっただろう。食料品店も多少減っているが、これは塚田水産や水野青果といった人気の食料品店が横丁内の空き物件に新たに出店し事業拡大していることが原因である。ふるいにかけられるかのように人気のある店とない店がはっきりとし、なくなってしまった店も多かったようだ。一九八〇年代は吉祥寺駅周辺の再開発が最盛期であった。そのようなこともあり、グラフでは読み取れないものの横丁の店舗の一部が武蔵野市開発公社によって買収されるなど、再開発への機運の高まりも感じる。八〇年代には飲み屋が激減していることが分かる。駅周辺には百貨店が次々と進出し、街の姿が一変していく中で戦後の姿から変化のない横丁への客は遠のいた。一九六〇年代から一九八〇年代にかけて仲見世通りで営業していた雑貨店M店主の日記にはこう綴られている。

「一九八五年一月五日（土）晴　寒さ厳しいせいか全く客来ず、この三〇年来最低の売上。」

その後の日記を見ても「倒産だよ」、「駄目、駄目」「もうこんな商売は嫌である」などのネガティブな内容が目立つ。また、毎晩酒を飲みに出歩いている様子も伺え、店の経営で悩んでいることが分かる。一九八〇年代に雑貨店Mをはじめ多くの玩具店や荒物《あらもの》店などが店を閉じた。雑貨店Mに限らず、この時期の多くの物販店にとっても厳しい時期だっただろう。またこういった商売の先行きに不安を感じる記述に続いて、以下のような話題が出てくるようになる。

「一九八七年一月二一日（水）晴　今日は大変なことが起きた。マーケットのアサヒ通りのウエスタン〔衣料品店〕から火災し、全焼する。A氏に連絡すると、あの火事は〇〇建設のB氏がやったというので驚いた。すぐ警察に連絡するというが、証拠がないから駄目と断る。地上騒動でマーケット地域の住民は右往左往。まったく困ったものだ。」

「一九八七年二月一七日（火）曇　△△建設の地上げの動き、ますます盛んになる。」

ここには再開発をめぐる混乱が伺える。また、建設業者主催のビル建設の説明会をはじめとした再開発に関する会合に度々出席していることが書かれており、当時の再開発への機運の高まりが感じられる。前章の水野によれば、当時のハモニカ横丁は再開発が望まれていたが、地権者の意向を集約できずに街のお荷物とみなされ、肩身の狭い思いをしたこともあったという。日記には当時のハモニカ横丁の様子に関する記述としては、人通りが少なくなり寂れゆく様子が書かれていた。強いこだわりにより、多くの固定客を摑むことができていたいくつかの物販店には活気があったものの、百貨店の進出により明らかに客足が遠のいた店も少なくなかったことから、日記には、通り全体としてはあまり活気が感じられない様子が記されていた。一九八〇年代はハモニカ横丁にとって大変厳しい年代であったようだ。ハモニカ横丁という路地裏は、文字通り街の裏へと潜んでいった。

一九九〇年代に入ると、大型店に押されつつも経営を続けてきた老舗食料品店などが閉店を余儀なくされる。空き店舗には、居酒屋をはじめとした飲食店が次々に入るようになる。利便性の高い駅ビルや駅周辺のスーパーマーケットの食料品店が人気を集めていくにつれ、横丁に求められるものが変わっていったのである。そんな時に、ハモニカキッチンをはじめとした若者向けの飲食店の人気に火が付き、近年盛り場化はより加速している。

ハモニカキッチンの開業当時、横丁でヤミ市時代から続く老舗食料品店のなかには徐々に客を失っていく店が少なくなかった。横丁にある食料品店の多くは惣菜を売らない。調理済みの商品などを広く揃える百貨店の地下食料品売り場や近隣スーパーマーケットに客を奪われ、苦戦を強いられていた。また、戦後から店を営んできた店主の高齢化も重なり、世代交代を機に店を閉めるか、それとも他の商売を新たに始めるか決めかねていた。そんな中でのハモニカキッチンの成功というのは、方向性に悩んでいた二代目世代に新たな商売へのヒントを示すなど、一定の影響を与えたといえるだろう。仮に戦後から続く食料品店の二代目が、今まで横丁にはなかったタイプのモダンな店を始めようとしても結びつきの強い場所ゆえ、周囲の目を考えると難しかっただろう。詳しくは後述するが、それまで横丁で商売をしていなかった経営者だからこそやりやすかったのかもしれない。この店が突破口となり、横丁で新しいことを始めやすい雰囲気が広がり、二代目、三代目が次々とそれに続くようにモダンでこれまで横丁になかった店をはじめるようになる。モダンな盛り場への急速な変化は、そんな世代交代の時期とハモニカキッチンの進出の時期が重なったことも大きな要因であったといえるだろう。

また、もう一つ近年特徴的なことは、これまで食料品を扱う物販店と居酒屋を中心とした飲食店で埋め尽くされていた横丁に、わずかではあるが、これまで見られなかったネイルサロン（現在は閉店）や占いをはじめとした新しい業種の店が増え始めていることだ。かつて食料品を求める主婦と居酒屋で憂さ晴らしをするサラリーマンに利用されることがほとんどであったハモニカ横丁にとって、近年のこのような業種の多様化は、世代や性別を問わず人気を獲得することができたことを表す一つの指標といえるだろう。

第七章　現在のハモニカ横丁

若者が訪れるきっかけ

ハモニカ横丁が今日の人気を獲得するには、大きな転機があった。

終戦直後から一九九〇年代後半までは、昼間は食料品店が賑わう市場として地元の主婦層が集い、夜は中年層に人気の大衆的な居酒屋が流行っていた。かつてのハモニカ横丁は、若い人が集う場所ではなかった。しかし、一九九八年から二〇〇四年頃にかけて「ハモニカキッチン」をはじめとするモダンな店がオープンすると、多くの若者が横丁を訪れるようになる。

ハモニカキッチンは、吉祥寺駅周辺でいくつかの電気店を経営する株式会社ＶＩＣの手塚一郎社長が創立者である。この店は白く塗装された鉄骨造りで、前面は仕切りがなく開放的だ。終戦直後から続く古びた木造店舗が並ぶ横丁にあって、ハモニカキッチンのようなモダンで斬新な造りの店は大きな注目を集めた。レトロな街並みにモダンな店構えがミスマッチにも思えるが、この対照的な組み合わせが不思議な魅力を感じさせた。青山にこのような店があっても、数あるモダンな店の中に埋もれ、特に注目されることはないかもしれない。しかし、横丁という古い店舗群の中にこのような建物を構えることで相対的に新しさが感じられることから、多くの人の目を引いた。大通りから横丁に足を踏み入れた人は、昭和レトロを感じる街並みを想像するだけに、実際に足を踏み入れるとモダンな建物があることに驚くとともに、モダンとレトロが融合し混在した不思議な魅力を感じる。その店内に入ってみると面白いことがわかる。二階に上がると路地に面した壁に窓があるが、二階の席から窓を見ると、窓のサッシの外（店内の内装）はモダンだが、サッシの内側（外の風景）から見える路地の建物はレトロである。つまり店内にいると、レトロな街並みを借景としてモダンな店内を見ることができる。

現代では、三〇〇円も出せば街でコーヒーを飲むのに外資の洒落《しゃれ》たカフェを利用することができる。生活用品にしても安価でスタイリッシュな製品を身近なところで買うことができる。若者はモダンで生活感のないデザインを好む一方で、そのような非日常的なデザイン製品は、実際には安価で日常的に利用できる身近でありふれたものとなっている。そういった意味ではちょっとしたおしゃれをしただけでは自分と他者をセンスで差別化しにくくなっているともいえる。そんな他者との差異を見出しにくい現代にあって、ハモニカ横丁のモダンな店はその店を利用することで自分と他者をセンスで差別化できることから優越意識が生まれ、これが横丁の店にいるだけで楽しい気持ちになる理由の一つだと思う。私自身は近年の若者がハモニカ横丁へ訪れることが多くなった経緯を以上のように解釈している。

このように、ハモニカキッチンが横丁全体に与えた影響はとても大きかった。やはり若者からの人気を獲得しているか否かが世間から注目されるうえで重要であるが、その点、若者に利用されることの少なかったかつての横丁には、ほとんど話題性はなかったかもしれない。ハモニカキッチンをはじめとするモダンな店は、若者を横丁に取り込むことにより雑誌や新聞などで数多く取り上げられる原動力となった。近年ではハモニカ横丁の人気ぶりから何かを読み取ろうと各地から横丁を視察に団体が訪れているようだ。

各年代の選ばれた人気店が残っている

吉祥寺のランドマークとなった近年では、横丁の空き店舗の情報を求める人が年々増加している。インターネットでも「ハモニカ横丁　家賃」や「ハモニカ横丁　空き店舗」などで検索する人も少なくない。それに伴い、テナントが毎月支払う家賃も上昇している。ハモニカ横丁における家賃の坪単価は駅前の一等地ということもあって、吉祥寺の街全体と比較してもトップクラスである。ところが、横丁の店はどこも二、三坪ほどの小さな店舗であることから、単位面積あたりの家賃は高くとも、一店舗あたりの家賃はそれほど高額ではない。そういったこともあり経営がうまくいかなかったときのリスクが低いため、屋台を出すような感覚で出店する店主もいるようだ。

しかし、店をはじめやすいものの、実際にハモニカ横丁で商売を軌道に乗せることは容易ではないことも事実である。ハモニカ横丁人気に火がついたときから、いくつの店が撤退しただろうか。数え切れない。店を維持することは容易ではないようだ。ついこの前まで行列のできる人気店として紹介されたと思ったら、その後まもなく閉店を余儀なくされる店もあった。

商売を続けるには厳しい環境といえるハモニカ横丁にあって、現在ここで商売を続けている店には人気の店として広く認知されているところが多い。近年では若者に人気のモダンな店が立ち並ぶ印象の強いハモニカ横丁ではあるが、残っている店の創業時期に注目してみると、多少のバラつきはあるが一九四〇年代から近年にいたるまで、一部の年代に偏ることなく散らばっている。創業時期が各年代に分散していることは、各年代の選ばれた人気店だけが現在のハモニカ横丁を構成しているといえるのかもしれない。

ハモニカ横丁人気の本質

吉祥寺の街には毎日何万という人々が訪れている。これだけの個性が集積している大きな街であれば、全国チェーン店などの最大公約数のニーズに応えた店の存在は重要だ。大人数で入りやすい全国チェーン店があると助かる。店を選ぶ時の選択肢として無いと困るだろう。

個人的にはチェーン店が嫌いではない。全国チェーンの居酒屋も好きでよく行く。横丁にある個人経営の店も好きだが、同時に全国チェーンの店も大好きであっても全く矛盾はない。全国チェーンの店には友達と二人で行こうとはあまり思わないが、三人以上であれば進んで行きたくなる。あの安定感がなんとも心地いい。想像以上のサービスを受けることもなく、期待もないから特に大きな失望もない。マニュアルと安定したオペレーションでなんの問題もなく、予定通りに事が進むあのテンポが好きだ。何の予備知識もなしに一度も入ったことのない個人経営の店に行くのは不安と期待が入り混じる。たまには感情の浮き沈みなく店を選択したいときもある。

それにしても、全国チェーン店の居心地の良さはなんなのだろう。あの世の中の仕組みに当てはめられた感。フィット感。なんともいえないものがある。渋谷に行けば、一軒目は魚民、二軒目はのんべい横丁なんて最高！　実際によくあるパターンである。地方都市でもチェーン店の存在感は絶大だ。道路沿いには様々なチェーン店の看板が並んでいるが、好きなチェーン店も多い。郊外型のチェーン店がコストパフォーマンスの良いものを提供していることも郊外化に拍車をかけているように思う。また、チェーン店のアルバイトの店員さんも大好きだ。マニュアル化されていて、特段好感を持つことは滅多にないが、失望することもない。「なんとも思わないでいい」という満足感がある。

とはいったものの、大学三年生のときはチェーン店に行くことは、なんと芸がないのだろうか！　と思い、個人経営の店ばかりに行く時期があった。個人経営の小ぢんまりとした店を知っているとかっこいいかもしれない、などと思っていた。しかし、社会人になって二、三年経ったころ、個人経営の店に詳しくなることが面倒でチェーン店の快適性に気づいてしまった。

吉祥寺という街の中でもそうだが、多くの街では全国チェーン店を利用するという選択肢が多くなり、徐々に横丁にありそうな個人経営の店を選ぶチャンスが限られるようになってきているように思う。日々の暮らしの中で、横丁の小ぢんまりとした店を利用するという選択肢があれば日々の暮らしにも奥行が増すのだが。

チェーン店も好きだといっても、チェーン店の存在がハモニカ横丁をはじめとした路地と呼ばれる空間に必要とされているとは思わない。この感じ方は、私だけではないと思う。路地の入口に差し掛かると、「この路地には強い個性を主張するお店があるのではないか」という期待感を自然と抱いてしまう。ハモニカ横丁で通行人を観察していてもそれを読み取ることができる。通行人は店の軒先を横切るたびに、そこが特段用事のない店であっても狭い店内を覗き込むかのように見渡している。店内を必要以上に観察しているように思う。普段、商店街や百貨店を歩いていると何か買う必要のあるものを頭において、ある程度明確な目的を持って買いまわることが多いが、横丁にいるときは欲しいものがあるという客の欲求ありきの買い物ではなく、各商店主の強いこだわりが「あなたが欲しいものはこれではないか」と、客に問いかけているように思う。ここでは店側が客の欲しいものを提示しているようにすら感じる。それを客の方でも感じとってか、自然と客が店内を覗き込むかのように観察する様子がよく見受けられる。これは横丁に並ぶ店に対する期待感の表れなのだろう。

ハモニカ横丁は、一商店街に過ぎない。ハモニカ横丁はよくメディアで昭和のレトロな佇まいが残る貴重な商店街などとして紹介されるが、都内では減少しつつあるとはいえ、このような佇まいを残す商店街はまだまだたくさんある。ハモニカ横丁を貴重な場所として感受できるのは、そもそも歴史を切り離して純粋に商店街として見ただけでも良い商業施設として認められているからこそであり、自然とその佇まいが昭和のレトロな雰囲気を残す貴重な商店街であるとして取り上げられる。ハモニカ横丁は路地裏である以上、客の期待感も普通の商業施設とは異なるが、その客の期待感に応え続ける魅力的な商売をしている店が多くあることが、存続している一番の要因なのではないだろうか。

安易なレトロ化

近年では衰退する地方都市の中心市街地を活性化させようとあの手この手で様々な試みがなされている。中でも多く見受けられるのが、レトロタウン化である。昭和三〇年代の佇まいをモチーフとして街全体をレトロな雰囲気のある街に仕立て上げようというのだ。映画「三丁目の夕日」の大ヒットからも分かるようにレトロブームがあることからいっても、こういった動きは自然な流れなのかもしれない。インターネットで「中心市街地　レトロ」と検索すると全国各地でレトロ化を目指した街がいくつもあるということを知らされる。私自身、地方都市に出かけるとレトロ化がよく目に付く。その際、よく参考にされるのが横浜ラーメン博物館らしいが、ハモニカ横丁にも視察に来ている人は多い。地方都市を歩いていてハモニカ横丁の店舗を明らかに模倣した店を見たことがある。

しかし、表層のレトロなものだけを真似て本当に人の関心を惹きつけることができるのか疑問だ。ハモニカ横丁ではレトロやモダンといったデザインを売りにしているのではなく、レトロとモダンが混在した新しい価値観を売りにしている。レトロで懐かしいから人気があるわけではなく、そこを利用することで自分と他者をセンスで差別化できる何らかの優越意識が働いているからこそ人気に火が付いた。表層だけのレトロというデザインだけを模倣しても、利用者は興醒めだろう。

横丁の空間考察

街を歩いていて路地に入ったときにどういった印象を受けるだろうか。それは路地の内部の様子によって左右されるのはもちろんではあるが、路地に入る前に何を見たかも重要な要素であるだろう。つまり、路地を取り巻くその街全体の印象というのが路地の印象に反映されるのではないだろうか。例えば、街全体に活気があり、行き交う人の声が聞こえるような街にいるときに路地に入ると、街の賑わいから離れ、少し心が落ち着くと共に路地に静寂という魅力を見出すかもしれない。一方で、街全体に活気がなくて人通りもまばらで寂《さび》れている様子を目の当たりにして路地に入るとどうだろうか。ただでさえ寂れている印象を抱いているところに、路地に入り静けさを感じると、その街の寂れている印象が強くなるかもしれない。このように路地はそれを取り巻く環境により受け止め方が大きく左右されるように思う。

これはハモニカ横丁についても同様である。駅周辺の都市開発が進む一九八〇年以前の吉祥寺の街はどこからどこまでがハモニカ横丁かわからないほどに街全体に横丁のような狭い道が張り巡らされていた。そのような時代にハモニカ横丁を訪れても、特段何か感じるということはなかっただろう。現代の横丁好きの人々も、タイムスリップして当時の吉祥寺を歩いて横丁を訪れてみた時に、果たしてハモニカ横丁に魅力を感じるだろうか。街全体が整備されていない中でハモニカ横丁という場所を訪れても、整備されていない印象が助長されるだけだろう。現在では街全体が一定の水準まで整備されて周囲の商業地も魅力的だからこそ、ハモニカ横丁に対する印象もまた明るいのだろう。

各地で路地を観察していると、路地という空間が実に多様に使われていることが分かる。住宅地における路地であれば、近所の子供たちがボール遊びや地面に絵を書いて遊んでいる。近所の主婦たちの井戸端会議の会場にもなったりする。

一方で商業地における路地に目を向けてみると、連なる店の商品が軒先にまで溢れ出すかのように陳列されており、飲食店であれば路地にまで椅子やテーブルを出している様子も見受けられる。

一例としてここではハモニカ横丁の一角を考察したい。ハモニカ横丁には戦後ヤミ市時代から続く魚の干物の名店「なぎさや」がある。第五章でもとりあげたこの店は、通路に面して敷地いっぱいのところに干物の並んだショーケースを設置しており、店員は軒先に一人、店内には二人いる。客がなぎさやの軒先でショーケースに目を止めて立ち止まると、軒先にいる店員が接客をする。なぎさやの閉店時間一九時まで、軒先の路地空間は接客スペースとして利用される。もちろん通行人もいるので、接客スペースも兼ねた通路ということになる。なぎさやが閉店時間を迎えてシャッターを下ろすと居酒屋が混みだす時間帯となるが、今度はなぎさやの向かいにある居酒屋「万両《まんりょう》」が賑わいを見せる。万両には店内と路地を遮る壁はなく、軒先に剝き出しになった開放的な空間が魅力的だ。店内の長椅子のカウンター席は目一杯入っても一〇人前後。すぐに地元の常連客で満席となってしまう。そこでこの店は店内が満席となると、路地に仮設のイスやテーブルを広げる。もちろんこの時、通行人の邪魔にならないように、通行スペースを確保しつつ仮設材を配置することになる。軒先の路地空間は飲食スペースも兼ねた通路となる。このようにこの一角の路地は、昼間はなぎさやが路地を店舗敷地の一部とみなして利用しており、飲食店の繁盛する夜になると今度はその路地はなぎさやの向かいにある万両の店舗敷地となる。つまりハモニカ横丁の路地空間は物販店と飲食店が相互に時間帯をずらして店舗の一部として利用している。

　多くの商店街では道路と店舗敷地の境界線が明確となっている。一方でハモニカ横丁のような路地空間の商店街では通路と店舗敷地が混在しており、通路と店舗の境界線を失うことにハモニカ横丁の魅力的な空間の裏付けがあるように思う。このように路地は実に多様な使われ方をしており、通路というよりは多目的な開かれた場として機能しているようだ。

路地のイメージ

ハモニカ横丁の路地観察を取りまとめた私なりの路地のイメージはこのようなものになる。路地とは、建物二つが建ったときにその間に残されたスペースである。幹線道路のように交通機能を持つ道ではなく、交通機能に限定されない空間なのだ。幹線道路にいると、自《おの》ずと進行方向のベクトルが生まれるが、路地では方位磁石は一定の方向を指さず、回転し続ける。路地は道というよりも空き地といった方が近いかもしれない。

幹線道路は「ここに道路を建設する」という意思のもとに能動的に造られるが、路地は二つの建物の建設により結果として生まれたいわば副産物であり、「余白」である。

例えば、鉛筆という物体は「紙に線を描くためのもの」という意味・機能がある。それは線を書くための物を作るという目的により作られたからである。一方で路地は、路地を造るという目的があって造られたのではなく、両脇の建物の建設による副産物として生まれたものである。その余白には住宅地であれば、ある時は「近所の子供たちの遊び場」という意味が書き込まれるだろうし、子供たちが去り、近所の主婦たちが集まってくれば「井戸端会議の場」という意味が書き込まれる。つまり、路地とは利用者によってその都度意味が書き換

店の敷地と通路の境界線を感じさせない空間

えられる空間である。「利用者が意味を与える空間」、これが路地なのではないかと考える。言葉の定義としては到底満足しない表現ではあるが、路地はこの程度の定義しかできないのだと思う。なぜならば、路地とは定義される前の存在だからだ。路地に意味を与えられたとき、自分はその街に関与できた気がする。都市において唯一、利用者に定義が委ねられた空白の場所、それが路地ではないだろうか。

想像して欲しい。大通りに設置されたベンチには、素直に腰掛ける気にはなれない（少なくとも私はならない）。自分が単にひねくれているというのもあるが。仮にそのベンチに座れば、頭の片隅にはこのベンチを設置した人の得意げな（「ここで休みたかっただろ？　そう思ってここにベンチを置いたのだよ！　どうだ！」といわんばかりの）顔を思い浮かべてしまう。絶対に休めない、逆に疲れる。一方で、人が座るために造られたものではない造作物に座ると妙な安堵感がある。

たまたまかもしれないが、こんなことがあった。とある百貨店の前面にはベンチがあるのだが、そのベンチのそばには直径三メートルほどの円形の植樹スペースがあり、腰の高さまでレンガが外周に積まれていた。私がそこを通りかかったとき、ベンチではなく、このレンガの上に座る人が数人いたのである。このレンガは座るためではなく、植樹のための土を敷き詰めるために積まれたものである。その座るためにではないものに、一時的にでも自分の意図で「座るためのもの」という意味に書き換えてしまう楽しさと、「座らされている感じ」の無さを人は無意識に感じ、ベンチではなくレンガに座るのではないかと思う。

都市部に再開発ビルを建てるとき、建物の前面の民有地に、訪れた人々が集う公開空地《こうかいくうち》と呼ばれる歩行者が自由に通行したり利用できるスペースを設けることがある。ところがこれまでにもいわれていることではあるが、せっかく設けたにも関わらずこれらの空き地はあまり利用されず、本当の「空き地」になってしまっていることがよくある。私自身、公開空地はなにか行動を誘導されている気がして、あまり積極的に利用したいとは思えない。

街に路地的なスペースを意識して造りだすことは難しいのだろう。最初から「空き地」として造られた場所は誰にも利用されることのない、本当の「空き地」でしかなくなってしまう。

路地は意味を与えられていない空間であることから、元々意味を与えられているベンチとは違って、何の押しつけもない。このように単に空間としての魅力だけでなく、心理的に解放されることも路地の大きな魅力として感じる。ぜひハモニカ横丁でも立ち飲みをするときは、通行人の邪魔にならない程度に軒先の路地にせり出してみて欲しい。そうすると路地の醍醐味が味わえるかもしれない。

第八章　ハモニカ横丁の店を巡る

ハモニカ横丁には一〇〇前後の店舗が存在する。「前後」という曖昧な表現を使わざるを得ないのは、正確な店舗数を書けないからである。というのも、あまりにも店舗の入れ替わりが激しく、入れ替わる時に別々の店舗だったところが隣の店舗に吸収されて一店舗減ったり、逆に大きな店舗の一角に仕切りが設けられて二店舗になったりと、流動的だからである。二、三ケ月ぶりに訪れてみると新しい店ができていることがよくある。一度も利用することができずに閉店してしまった店がこれまで数多くあった。

現在営業している店に関していえば、半分近い店を一度は利用したことがある。ここでは、ハモニカ横丁にある店を利用した時に遭遇したエピソードや、その時教わった各店の歩みについて紹介したい。

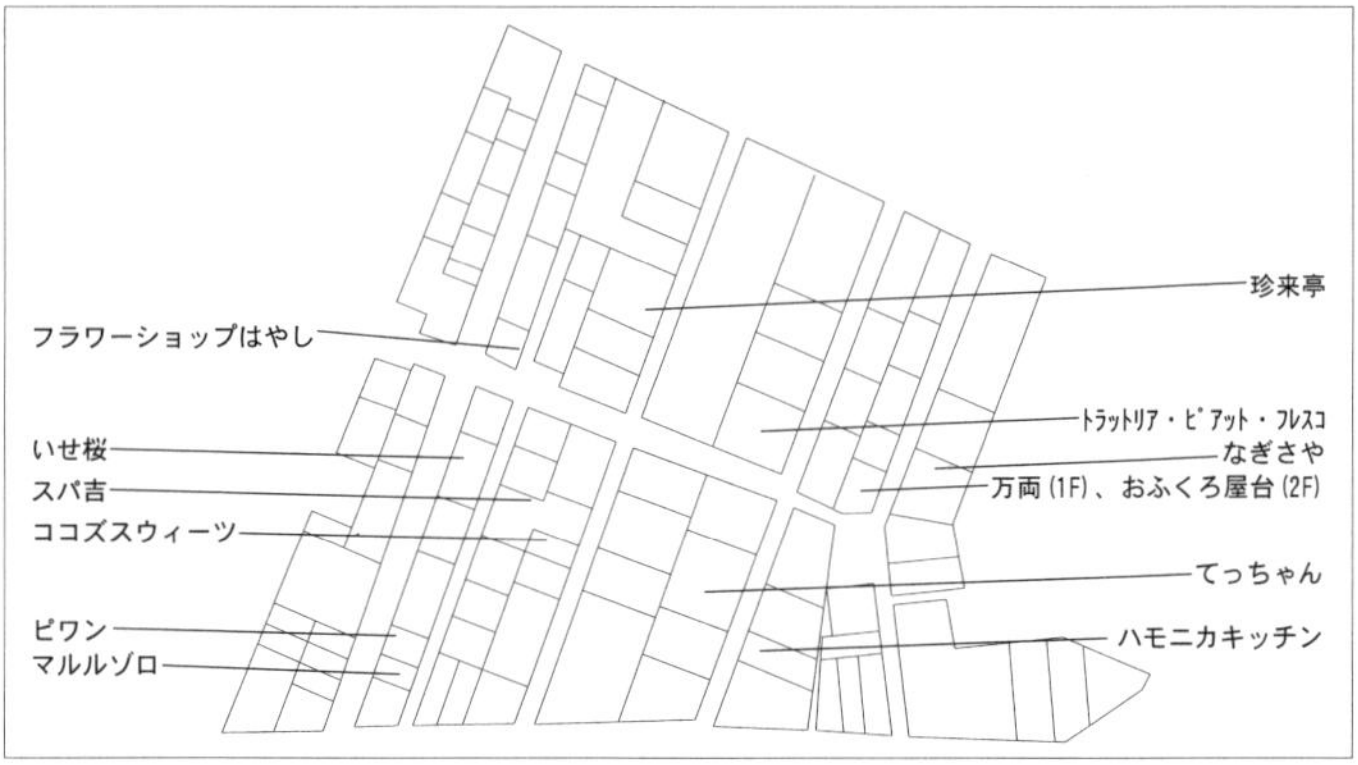

店舗位置

「てっちゃん」

横丁に恐る恐る足を踏み入れて、まず目に止まったのはこの店だった。コの字型カウンターで大衆的な雰囲気がありつつも、内装や照明がモダンなデザインで統一されている魅力的な空間だ。路地に面しては壁も戸もなく、とても開放的だ。コの字型カウンターの奥にはテーブル席もあり、運がよければ四人で訪れても座れる。前面の通路に面した側は立ち飲みスペースとなっている。開店当時は小さなコの字型であったが、たちまち大繁盛店となり、隣の店舗との仕切りを無くして合体させてしまい大きな店舗になった。しかし、それでも席数が足りず、立ち飲み客が軒先にはみ出すほどに混み合う日も多い。常連客などはカウンター席が空いている場合でもあえて立ち飲みし、長居せずスマートに飲んでいる。

メニューはというと、やきとりが各一〇〇円と手

「てっちゃん」

頃な値段ながら、地鶏を岩塩で味付けしており大変おいしい。でもたまに、つくね二〇〇円、イベリコ豚三〇〇円などの「高額」メニューもあるので注文するときは要注意だ。

ちなみにこの店の勘定は伝票ではなく、テーブルの上にある色の付いた札《ふだ》の枚数と、串の本数で集計する。札はドリンク注文時にテーブルに置かれるもので、串は食べた焼き鳥に刺さっていた串である。串は一本一〇〇円で計算され、イベリコ豚だと串が三本刺さってくる。

横丁に来たばかりの自分は、この店によく来ていた。当時はどうも他の客の社会的な属性、つまりこの人がどのような仕事をしているのかということが気になってしまっていた。友人と横丁を訪れ、横丁の魅力について話していると、たまたま隣に居合わせたオヤジから話しかけられた。

オヤジ「ほんと横丁はいいところだよな。……でもこの横丁はいつか無くなってしまうんだろうなぁ」

と、寂しそうに語っているのが印象的であった。このように横丁で初めて出会った人と話をしていると、どうしても相手の職業などといった個人情報が気になってしまってこんな質問をしてしまった。

井上「いつもどんなお仕事されているのですか？」
オヤジ「えっとねぇ、人身売買の方をちょっと……」
井上「どひゃー！」
オヤジ「ウソウソ、冗談、冗談。あのね、お兄ちゃん、そんなこと聞かなくてもいいじゃないの。ここで出会ったのだもの。外で何をしていようが、またここで会えればそれでいいじゃない。それにしてもお兄ちゃんたちみたいに若いのに横丁みたいなところを愛してくれる若者に出会えて、今日はいい夜だよ。ねぇ、お姉さん、この若いお兄ちゃんたちにこの店で一番アルコール強いやつ出してあげて」

そう言って、泡盛のロックをご馳走してくれて去っていった。泡盛を飲んだことがなく、どの程度のアルコール度数なのかも分かっていない自分はすいすい飲んでしまい、泥酔して痛い思いをした。そんな泥酔の中でもあのオヤジとの出会いは鮮明に覚えており、横丁での作法を教わった気がした。オヤジと呼ぶとオヤッサンと呼べ！　と怒られたものだが、まあいいや。オヤジ、ありがとう。

この店はハモニカ横丁を初めて訪れる客にはもってこいの、比較的入りやすい店である。そのせいか、近年になってハモニカ横丁人気の高まりとともにかつての常連客はいなくなった。常連客と新参者が織り成す適度に緊張感のある空間ではなくなった。横丁の作法をやさしく教えてくれたあんなオヤジのいる店ではなくなった。現在のハモニカ横丁の人気ぶりを考慮すれば、これも仕方のないことだろう。あのオヤジはまたどこかで横丁の作法をレクチャーしているはずだ。

「珍来亭」

終戦直後から続く歴史あるラーメン屋である。横丁には食料品店であればこの店より古い店が数軒あるが、飲食店の中ではこの店が最も古い。先代の二代目・飯田《いいだ》泰子《たいこ》の後を継いで、現在は娘姉妹二人（姉・恭子《きょうこ》、妹・園江《そのえ》）が店を切り盛りしている。元々、妹の園江は先代が店に立っているときから手伝っていたが、姉の恭子は会社員だった。二〇〇六年に二代目が体調を崩してから姉妹二人で店を守っていこうということで、恭子は会社員を辞めて店に入った。近年になり昼のラーメン屋としての営業に加えて、夜は一八時三〇分から二四時まで居酒屋としての営業もしている。

初代店主・飯田珪之助は戦前、新宿中村屋の前で屋台を引き、ラーメンを売っていた。戦後になって初代店主の兄が三鷹の企業に勤め始め、兄弟でその近辺で生活することになった。そこで初代店主は、元々商売していた新宿には戻らず、住まいから比較的近くの吉祥寺に店を出すことにした。吉祥寺で商売を再開させたあともしばらくは屋台での営業が続いたが、終戦から六年後の一九五一年にハモニカ横丁に店舗を持った。それから六〇年以上続く横丁の人気店である。この店は個人的によく利用するが、値段が非常に安い。チャーハン、半ラーメンセットが七〇〇円。この値段でお腹いっぱいになれるのはとても魅力的だ。

ここの（自称）美人姉妹の人柄はこの店の大きな特徴あり、長所であり、ときに短所（？）だったりしておもしろい。一度、友人と吉祥寺へ日本酒を飲みに行こうということに

「珍来亭」の軒先（昭和30年代後半）（写真提供：珍来亭）

なり、その前に軽くビールを飲もうということになり珍来亭へ行った。そして、瓶ビール二本とお通しのメンマを食べて代金を払って出ようとした。なんと、この店の売りであるラーメンやチャーハンどころか、ギョーザなどのサイドメニューすら注文せずに、会計をしようとしたのである。そこで、会計時にこのようなやり取りになった。

井上「あぁー、おいしかったです」
姉・恭子「あら、今日は何を召し上がったのですか？」
井上「キリンビールを！」
姉・恭子「……あんた、うちに来たらラーメン食べていきなさいよ！」
井上「いえ、今日はこれから日本酒を飲みに行くので、ラーメンは食べたくないんです。ビールだけ飲みたくて来たんですよぉー。どうせビール飲んでもどこでも同じ味だから、だったらビール代を横丁に落としていきたいという横丁愛に満ちあふれた……」

今思えば汗顔《かんがん》の至りだが、ラーメン屋に入り、その店の売りであるラーメンを食べずに、どこにでもあるビールだけ飲んで退店する我々は世間知らずであった。しかし、これは珍来《ちんらい》亭《てい》という、マニュアル化されていない接客をする横丁の個人経営の店の良さに触れた貴重な瞬間であった。失礼をしたこちらがこの出来事を横丁の醍醐味の一つを味わったとして、あまりにも前向きに捉えているので、その後も懲りずに珍来亭には通い続けている。むしろ以前より行く回数は増えた。ちなみにそのような無礼なことをしたことは五年前のあのとき一度だけだが（一度あれば十分だが）、今になってもこの出来事は全く風化されることなく、店に入る度に「今日もラーメンを食べていかないのかしら？」とからかわれる。

ある日、弟と店に入ったときは、入店後すぐにビールと野菜炒めを注文してゆっくり食事をしていた。すると、お決まりの「今日もラーメンは食べていかないのねー」といわれたので、「チャーハンセット（チャーハン一人前と小ラーメンのセット）」を得意顔で注文し、これで文句はいわれまいと思ったが甘かった。しばらくすると、「あら、半ラーメンのセットを注文するなんて、ラーメンをそんなに食べたくないのね」なんて言われてしまった。全く想定していなかったので、びっくりして何もいい返せず、完敗。あのたった一度のミスは命取りになり、今後一生いわれ続けてしまうようだ。いつもこんな具合に、横丁のラーメン店を舞台としたドラマのワンシーンのようなやりとりをお互いに楽しんでいる。あの姉妹のキャラクター抜きに、珍来亭は語れない。

ちなみに肝心の味はというと、特におすすめできるのはチャーハンで、流行《はや》りのパラパラした感じのものではなく、適度にしっとりとしていてとてもおいしい。今日も姉妹の元気の

「スパ吉」

良い「いらっしゃいませー！」の声が、店内にそして軒先の路地にまで響き渡っているはずだ。とにかくこの店が好きだ。ぜひ一度訪れてみてほしい。

「スパ吉」

モダンな内装と清潔感のある店内は女性でも利用しやすい。横丁の中では珍しく広々とした店舗であるが、カウンター八席、テーブル一二席、合計二〇席で、それほど椅子を詰め込んでおらず、落ち着いた空間である。昼時、ハモニカ横丁にはいくつか行列を作る店があるが、中でもスパ吉は一番の繁盛店である。

弾力のある生パスタがとてもおいしく、イタリアの伝統的なパスタというよりは、明太子、ジャコなどを使った和風のものなど日本人好みにアレンジしたものが主流で、メニューが豊富で飽きが来ない。私は二〇〇三年頃から通っているが、行き始めた当時はそれほど人気があったわけではない。客もまばらで、知る人ぞ知るという感じの店であった。カウンターでサラリーマンが一人で食べていても全く違和感がなかった。私自身一人で来ることが多かったが、若い女性客で溢れかえっている現在では恥ずかしくて男性一人ではなかなか入りにくくなった。この店の成功をきっかけにハモニカ横丁のそばに「ヒラタパスタ」を、阿佐ヶ谷に「ミート屋」などの姉妹店も出しており、そちらも人気だ。昼時は長い行列をつくるので、行く時は混雑する時間帯を外した方が良さそうだ。

「ココズスウィーツ」

スパ吉の店舗の形状は真四角ではなく、一隅《いちぐう》がかけている。そのかけているところにある一坪程度の店舗が、ココズスウィーツである。ショーケースに並べられているケーキの数々はどれもおいしそうだが、実は全て犬用ケーキである。ついつい食べたくなってしまうほどの見栄えだ。

店主の高橋敦子《たかはしあつこ》（旧姓・松本敦子）はハモニカ横丁で生まれ育った。元々、スパ吉とココズスウィーツは一つの店舗となっており、高橋の父親・松本義雄《まつもとよしお》が店を営んでいた。二〇〇三年八月まで高橋の実家は「松本観賞魚店」を横丁で長らく営んでいた。松本義雄が病気になったことをきっかけとして一九五五年三月から半世紀近くやってきた店を閉めた。営業当

「ココズスウィーツ」

時は上野動物園に卸していたこともあり、観賞魚好きの間では良く知られる存在であった。店内には噴水付きの小さな池があったというから驚く（池はスパ吉の入居時に、もちろん撤去された）。また、当時の店主・松本義雄は横丁で有名な頑固オヤジで、自分の意に沿わない客がいると商品を売らなかったという。高橋はそんな頑固オヤジの言動にヒヤヒヤしながら幼少期を過ごしたという。

松本家は一九五五年に店舗の二階で暮らし始めた。現在の長屋風のマーケットになったのは一九五二年であったので、その後まもなくの話だ。二階で高橋姉妹が寝る準備をしていると、夜中になっても下の店舗でガサガサと両親が仕事をしている音が聞こえていたという。

かつて横丁には、松本家のように一階を店舗、二階を自宅としている建物が四軒ほどあった。つまり、一〇〇軒前後ある建物の中では、わずかなケースであった。多くの経営者は横丁の外に住居を構え、横丁へ通った。そもそも住居にできるほど広い二階のある店舗が四軒ほどしかなかったということだろう。多くの店は一～三坪程度であったため住居には不向きであった。つまり、横丁に住んでいたのは、決して経済的な理由で外に住居を構えられなかったというわけではなかった。広々とした店舗を有していたからだった。

武蔵野市発行の再開発事業誌によれば、一九七三年四月に武蔵野消防署から吉祥寺北口駅前商店街連合会（ハモニカ横丁）の当時の会長である村上寛之助《むらかみかんのすけ》会長に「吉祥寺北口駅前商店街連合会の防火対策について」の通知が出された。その中には「二階を寝室に使用している店舗は、火災を早期に発見できる煙感知器を設置すること」など、横丁全体に対する防火対策についての指導が出されている。松本家もこのような指導に応じた防火対策を施し横丁での生活を続けた。その後一九八四年に自宅を横丁の外へ移し、店舗と住居は分離した。二〇〇三年に店を閉めるときに、店舗の一部に高橋が店を出し、それ以外のところにスパ吉が入った。高橋は幼少期から横丁で生活をしてきただけに、横丁に対する愛情は人一倍だ。今では他の二代目、三代目の店主たちと横丁活性化へ向けての様々な活動に参加している。

「フラワーショップはやし」

祥和会で一九七七年から続く生花《せいか》店である。現在の店主・林正幸《はやしまさゆき》の義理の父親・髙橋晃《たかはしあきら》（故人）は、元々、久我山《くがやま》で終戦直後から豆腐店「毛里多屋《もりたや》」を営んでいた。この店は当初、墨田区立川《たてかわ》で営業していたが、久我山に良い空き店舗の情報を聞きつけて移転した。自分の店で豆腐を売る以外にも、他の食料品店に豆腐を卸すこともしていた。久我山へ移ってからの納入先に当時ハモニカ横丁で営業していた干物店「十一屋《じゅういちや》」があった。この店は魚の干物の専門店であったが、豆腐などの食料品も扱っていた。ある日、晃がいつも通り十一屋に豆腐を納めた際に、十一屋の店主が自身の高齢化を理由に店を閉めることを告げ、晃にこの店の権利を買わないかと提案した。久我山での商売が順調であったことから、この話に乗って久我山の店舗の他にハモニカ横丁でも店舗を同時に経営することになった。この時、晃は豆腐に特化した商売は今後続けるのは難しいと考え、十一屋の店舗を買い取った後も十一屋と同じ干物を扱う専門店をすることに決めた。ただし店名は久我山と同じ「毛里多屋」とした。

「フラワーショップはやし」

横丁の新店舗は大変繁盛し、従業員は五名ほどいた。晃は久我山の本店に立っていたため、横丁の店舗に顔を出すことは少なかったが魚の質の良さが命の干物屋だけに仕入れだけは自らが行っていた。その後、晃の高齢化もあり、当時、上祖師谷《かみそしがや》で花屋を営んでいた正幸に店舗を譲ることを提案した。

現在の店主・林正幸は、大学卒業後三年間、製薬会社に勤めていたが、幼い頃からの花屋への憧れを捨てきれず、脱サラして大手の花屋で修行した。その後、たまたま不動産屋から紹介された上祖師谷にあるマンションの一階の店舗で、一九七六年一〇月、若干二八歳で自分の店を構えることになった。ようやく開いた自分の店ではあったが、売上は思うように伸びなかった。そんな思い悩んでいる時に、横丁で店を営んでいる義理の父親から、店をたたむので、店をやらないかと誘いを受ける。一九七七年、この話を受けて同店は横丁に支店を持つことになる。上祖師谷の住宅地にある本店よりも、ハモニカ横丁にある支店の売り上げの方が格段によかった。本店を店主・正幸、支店を妻・康子が切り盛りしていたが、しばらくして康子の出産を機に本店を閉めた。そして、産休に入った康子の代わりに、それまで本店を切り盛りしていた正幸が横丁の店に立つようになり、現在に至っている。

二坪弱ほどの店内にぎっしりと花が並べられている。そのため、店主がまともに座るスペースもなく、ほとんど常時立っている状態だ。商品の花は、どれも新鮮で鮮やかであり、並べられた花が横丁を行き交う人々の方を向いている。花を商品として並べているというよりは、横丁に花をいけているようにも見える。まわりには飲み屋が多い。それだけに、同店の存在は横丁全体のイメージを明るくしてくれている。店内は限られた面積であり、あまり在庫を置かない。また店主のこだわりもあり、鮮度の良い花が常に揃っていることで評判だ。古くからの常連客を中心に地元に愛されている店である。

現在店には、店主の正幸と康子が立っているが、たまに娘の宏美も店を手伝う。宏美は現在、大手の生花店で修行中だが、横丁が好きで仕事が休みの日は実家の生花店を手伝っている。また、ハモニカ横丁では毎月第三日曜日に「ハモニカ横丁朝市」が催されている。これは横丁の各店の営業前の朝七時～一〇時まで通路でフリーマーケットを行っているものであり、早朝という時間帯にも関わらず毎回すごい人出で、新聞各紙にも取り上げられている。宏美はその責任者として横丁の運営に関わっている。次世代の横丁を担う貴重な人材である。

「いせ桜」

一九五一年からハモニカ横丁で営業を続ける老舗和菓子店である。戦時中のヤミ市から続く店だが、終戦直後は吉祥寺の隣の三鷹《みたか》駅前で営業していた。しばらく三鷹で営業した後、多くの人で賑わう吉祥寺に移転してきた。その時、選んだのが横丁の店舗だった。店には、米にこだわった赤飯と和菓子が並ぶ。武蔵野市役所付近に工場を構え、そこから商品を運んで売っている。

店主の市村辰雄《いちむらたつお》は戦時中、統制品の縛りを受けていたことから限られた原材料で、どのように和菓子を作るか悩んでいた。小麦粉、米、砂糖などの和菓子を作る上で必要なものがことごとく統制品であるため、何か代用品から作る必要があった。そんなことを悩みながら、ある日新宿西口のヤミ市を訪れた。すると、きびまんじゅうが売っていた。これは良いと思

「いせ桜」

い、すぐに自社工場でも同じ物を作ってみた。統制品の砂糖ではなく、沖縄の黒砂糖を使用した。正確にいえば黒砂糖も統制品ではあったが、白砂糖ではないのでグレーゾーンとされて使用できた。白砂糖も入手できたが、それで作ったものを公然と売れるかどうかの差があった。黒砂糖の甘味は非常に濃厚で癖があるが、甘いものに飢えていた当時の人々には、このくらいしつこい甘さが気に入られたという。サイズは現在のまんじゅうのように小ぶりなものではなく握りこぶしを少し小さくしたくらいのものだった。こうして出来上がった、きびまんじゅうを売り出すととてもよく売れた。吉祥寺の数店から、うちでも売らせてくれと依頼を受けたため大量に作り、多くの店に卸すようになったという。

当時、荻窪《おぎくぼ》でも店を経営していた市村は、荻窪の店で警察の抜き打ち捜査に遭い、統制品はもちろんであるが、そうでないものまで全て持って行かれることもあったという。しかし、そういったこともありながらも、きびまんじゅうの売り上げは伸び続け、店の経営は順調であった。市村はその後、現在に至るまで商店街組織の要職につくなどして商店街の運営に力を注いでいる。

「ハモニカキッチン」

ハモニカ横丁人気の火付け役であるこの店を取り上げないわけにはいかない。この店の営業時間は一一時三〇分〜二十四時まで。開店から一四時までのランチタイムにはバイキングが人気だ。その後はカフェタイム、夜はバータイムと変化するカフェバーである。席数は七〇近くあり、横丁へ大勢で訪れるときはこの店を利用することをおすすめしたい。

経営者の手塚一郎《てづかいちろう》は、株式会社ビデオインフォメーションセンターという会社の代表者であり、同社は吉祥寺、渋谷、高円寺などに飲食店や生活家電店などを二〇以上の店舗を経営している。下北沢駅北口にあった「下北沢北口駅前食品市場」の一角でも焼鳥店を営んでいた。この商店街はハモニカ横丁と同じように戦後のヤミ市を起源とする商店街だったが、小田急線地下化とそれにともなう駅前の再開発により取り壊されてしまった。この立ち退きにともなって同店も撤退を余儀なくされた。

「ハモニカキッチン」

手塚は一九七二年に国際基督教大学に入学したときから吉祥寺界隈で過ごすようになった。在学中に当時まだそれほど普及していなかったビデオをはじめとした映像機器と出会い、この機器に将来性を感じた。在学中からビデオ機材を用いて演劇やアーティストを映像に収めたビデオを販売するなどビジネスを始めた。卒業後も一般の企業には就職せずに一九七九年に吉祥寺でビデオ機材専門店を開業した。

商売は軌道に乗り、駅のそばへの新規出店を考えていた。そんな時に出会ったのがハモニカ横丁の店舗だった。当初はハモニカ横丁の一角でビデオ機材専門店を営業していたが、一九九八年に今のハモニカキッチンの原型となる居酒屋に改装した。

二〇一五年三月現在、手塚はハモニカ横丁の中だけでも一二店もの飲食店を経営している。ハモニカ横丁の人気の火付け役にもなったハモニカキッチンをはじめ、他には横丁で本格的な寿司を楽しむことができる店から、立ち飲みを中心としたカジュアルに飲める店まで、各店の個性は様々だ。また、店名は「ニワトリ」、「エプロン」、「ミシマ」、「てっちゃん」など、シンプルなものが多く、親しみやすい。

なかには「ビンボー」という衝撃的な名前を持つ店もある。この店は立ち飲みの店で八人も入れば満員になってしまうほどの小さい店だ。仮に「ビンボー」という店名に対してこれ以上ないくらいにシンパシーを感じたとしても、入店するにはいささか勇気のいる店である。そのせいか、この店に限っては客がまばらな気がする。また、この店ならではのユニークな仕組みとして、毎月一一日は「ビンボーの日」となっており、この日に限っては店のあらゆる商品が二〇〇円均一になるのだそうだ。月に一度とはいえ、家賃の高いハモニカ横丁においてこの価格設定は信じられない。

一方で、系列店には意外なことで注目を集めている店もある。「エプロン」と「ハモニカキッチン」の二店は、建築に関心のある若者に特に人気のある店である。というのも、エプロンの建築設計は東京工業大学の塚本由晴《つかもとよしはる》研究室が担当した。塚本は貝島桃代《かいじまももよ》とともに夫婦で一九九二年からアトリエ・ワンという建築家ユニットを組んで建築設計を手がける著名な建築家である。この店舗が建ったのは二〇一二年だったが、著名な建築家がハモニカ横丁で設計を手がけたということもあり、建築専門誌などで度々取り上げられ、話題になった。この店を見るためにハモニカ横丁を訪れる人も少なくない。
また、ハモニカキッチンに関しては建設当時から内装の改修工事は度々行われているが、近年この改修工事の設計を担っているのは、なんと東京大学教授で世界的に有名な建築家・隈研吾《くまけんご》なのだそうだ。終戦直後のバラック商店街にまさか世界的建築家が設計した建物が出現するなど、誰が想像しただろうか。近年、ハモニカ横丁に再開発の話はあまり聞かれなくなったが、こういった著名な建築家が手がける建物が出現することにより、再開発の話はさらに遠のいたかもしれない。

「トラットリア・ピアット・フレスコ」

中央通り商店街にあるイタリア料理店である。かつて、この場所は朝日通り商店街にある不二屋《ふじや》鮮魚店の倉庫であったが、店主の次男である増田《ますだ》尚二《しょうじ》が二〇〇九年に二五歳の若さでオープンさせた。
尚二は専門学校卒業後、ホテルに就職してイタリアン、フレンチ、中華など様々な調理場を経験し、その後もいくつかの飲食店で修行したが、最も興味を引かれたのはイタリアンであった。二四歳のときにイタリア料理で生きていこうと決めてすぐにイタリアへ渡り、本場のレストランで修行した。専門学校を出てホテルに就職したときから、ホテルの大きな調理場の一つの歯車になるよりも、ゆくゆくは自分の店を持ちたいという気持ちがあった。横丁の一角に親が経営する鮮魚店の倉庫があったことから、いつかはここで自分の店を始めようと思っていた。

独立する前の修行先として行く必要があると思った場所には積極的に出向いた。修行先の一つに本場イタリアの飲食店があった。そのときに日本で食べられる多くのイタリア料理と本場のものとの違いに驚き、本場の味を伝えたいと、店をオープンさせた。

「トラットリア・ピアット・フレスコ」

まず、洗練されたモダンな建物に驚かされる。店内に入った途端に、自分がヤミ市から続く横丁にいることを忘れてしまいそうになる。しかし、窓から横丁の街並みに目を向けると、店内とはあまりにもかけ離れた空間が広がっており、自分が横丁にいることを思い出す。昼は手軽なランチのコースメニュー、夜は本格的なコースメニューがある。横丁でコースメニューを楽しむことができるとは、一昔前ではまったく想像できなかった。横丁で楽しめる選択肢をまた一つ増やしてくれた。また、コースメニュー以外にも気軽に注文できるアラカルトもあり、フラっと一杯飲みに立ち寄ることもできる。

「万両」

私見ではあるが、最も横丁らしい居酒屋であるように思う。吉祥寺駅を出て、ハモニカ横丁の最も駅寄りの入口から入ると、すぐに目に入る。この通り（仲見世通り）は他の通りと違い、まっすぐではなく中央部で折れ曲がっている。そのため、入口から横丁内部を覗いても、出口まで見えない。その屈折点に位置するのがこの居酒屋である。そのせいかとても目立つ存在だ。街区の角に位置するため、二つの通路に面しているが、両面に対して外気を遮る物がなく店内のカウンター席に客がいっぱいになると、軒先に椅子を並べ出して、たちまち周りの空間すべてを居酒屋にしてしまう。これは横丁でなければできない空間の使い方だ。ふつうこんなことしたら周りからクレームが来るだろう。横丁にあるからこそ成し得た空間である。そういう意味でこの居酒屋を最も横丁らしい店といいたい。

店主は通称「ケンさん」。素性について質問するたびに冗談でかわされて何も聞き出すことができない。今でも素性がよくわからないが、向かいの干物店「なぎさや」から話を聞いたところ、本名は溝上《みぞかみ》清文《きよふみ》というらしい。なぜ「ケンさん」と呼ばれているのか気になり、いろいろな人に聞いてみたが、「なんだか店をやっていたら自然にそうなった」という（全く自然ではないと思うが……）。昔は吉祥寺の商店街の代名詞「サンロード」で大繁盛の八百屋を営んでいたという。しかし、いきさつはよくわからないが、その店を閉め、横丁に空き店舗がでたことを聞きつけてテナントとして入り、居酒屋を始めた。それから二五年以上続く人気店だ。

「万両」

　店の開店は一八時頃なのだが、開店とともに、というか開店前からフライング気味に常連客が押し寄せ、すぐに店内はいっぱいになってしまう。ケンさんの飾らない接客が、なんとも横丁にある居酒屋らしくて多くの人を魅了している。客の半分近くは長年通っている常連であるが、初めて来た客も自然と店の雰囲気に馴染むことができる。店主の人柄と、いつの間にか新参者も会話の中に巻き込む常連客の面々がいるからまったく緊張する必要はないのだ。店構えが玄人好みなのと店も客も横丁に馴染みすぎているせいか、横丁ビギナーが入るのをためらうのも仕方がないかもしれないが、一度店に入ってしまえばとても楽しめる場所である。

この店の内装を見ていて驚いたことがある。外からこの店を見ると終戦直後に建った木造建築のように見えるのだが、内装を見ると少し違った。黒く塗装されているので目立たないが、鉄骨で補強されているのである。補強というより、補強材の方がメインの構造物となって、まるで鉄骨造を隠すかのように古い木材で装飾しているように見える。店の規模は小さいが、工事自体は大掛かりであったことは間違いない。店主に聞くと、夜中の通行人の少ない時間帯に工事を完了させたらしい。この店の補強は東日本大震災の影響かと思ったら、一〇年ほど前に家主が自主的に耐震改修工事を行ったことによるものだという。ハモニカ横丁にある店舗は、客の気づかぬところで実は着々と耐震工事を進めているのかもしれない。

この店の一番の特徴は客がいる限り朝八時すぎまで営業しており、客が途絶えないことである。朝八時という早朝の時間帯に横丁へ出かけることはあまりないが、毎年九月上旬に開催される吉祥寺秋祭りで神輿を担ぐことになり、万両の付近に朝八時頃集合となっていたのでその時間に行ってみると、まだ飲んでいる客が五人いた。そのときどのように挨拶をしていいのかわからなかったが、「おはようございます」といったら、同じように返してくれた。

夜の続きを楽しむ客にするもっと良い挨拶はなかったかと、今でもたまに思い出す。

朝八時まで営業するだけに、店主のケンさんのタイムスケジュールを聞いたときは、その殺人的なことに驚いた。仕込みのために一五時頃、店に現れる。その日のメインディッシュとなる大皿のメニューを数品仕込み、一七時頃になるとカウンターのテーブルには次々と料理が並ぶ。この頃になると客が集まり始め、客がいる限り翌朝八時まで続く。日によっては六時頃終わる日もあれば、午前一〇時まで長引くこともあるという。仮に平均的な午前八時に終わったとしても、一五時から一七時間働き続けることになる。それから店のカウンター席のイスで仮眠を取り、昼頃になると自宅のある高井戸《たかいど》に戻り、風呂に入り一五時に出勤する。睡眠は、カウンター席の硬いイスの上でとる四時間のみだ。これを火曜日から土曜日まで続けるのである（日曜日と月曜日は他の人に店を任せている）。そして日曜日は経営する別の店に立つのだそうだ。この殺人的な（というか自分で選んでいる点で言えば自殺的な?）、スケジュールをこなしていることは信じられないが、もう慣れてしまったのだそうだ。体に気をつけて末永く続けてもらいたい居酒屋だ。

「おふくろ屋台一丁目一番地」

万両《まんりょう》の二階の店舗がこの居酒屋である。店名が長いので、横丁では「おふくろ屋台」で通っている。二〇〇五年にオープンした比較的新しい店だ。店は、店主の松江満喜江《まつえまきえ》、息子の松江勇武《いさむ》とアルバイト一名の計三名で切り盛りしている。居酒屋ではあるが、昼間はランチの営業もしており、リーズナブルな上にボリュームのある定食は人気だ。夜は夜で、手頃な値段でお酒を楽しむことができる。それに加えて、一見怖そうで実は人一倍やさしいお母さんと、いつも穏やかな勇武の親子コンビは人気で、常に店内は客で満員だ。

店は一階の万両のカウンター席の脇にある扉から細く急な階段を上がっていったところにある。二階は六席のカウンターと三階のテーブルに八人が座れる。三階は、部屋の中央に一つ大きなローテーブルが置かれているだけで、そこに靴を脱いで座る。まるで自分の家にでもいるかのような居心地の良さがある。たまたま居合わせた見ず知らずの客とも自然と会話が始まってしまう不思議な空間だ。

勇武は大学卒業後、サッカーチームの川崎フロンターレで広報関係の仕事をしつつ、横丁の居酒屋で母親の満喜江と共に雇われ店長&副店長として働いていた（この居酒屋は既に閉店している）。雇われ始めて間もないときから、その店を辞めて自分の店を持つことを考えていた。そんなときに横丁の居酒屋で酒を飲んでいると、その店の店主から横丁に空き店舗が出るという話を聞き、すぐに借りることに決めた。こうして、おふくろ屋台一丁目一番地を母親の満喜江と共にオープンすることになる。

現在、勇武は映画の製作会社、株式会社武蔵野映画社を立ち上げて昼間は映画のプロデューサー、夜は居酒屋の店員として忙しい日々を送っている。事務所を吉祥寺界隈に構えた同社は、武蔵野市・吉祥寺を舞台にした映画を撮ることを目的とした地域密着の映像制作会社である。

「おふくろ屋台一丁目一番地」

映画を作りはじめるきっかけは、おふくろ屋台を訪れた映画監督との出会いからであった。以前から抱いていた変わりゆく自分の住む街を映像に残したいという気持ちと、少しでも吉祥寺の歴史や文化を残したいという、街への愛情を抱いていたことから、手ほどきを受けて映画作りをするようになった。

映画作りの中での役割としては、自身はプロデューサーとして黒衣《くろこ》に徹している。また、かつて音楽活動をしていた経験を活かし、自ら音楽を担当することもある。既にいくつかの吉祥寺を舞台とした作品を発表しているが、二〇一二年に公開された「あんてるさんの花」は反響が大きく次々と映画館での上映が決まり、DVDのリリース（ポニーキャニオン）にまで至っている。映画制作会社の社長と居酒屋の店員という二つの顔を持つだけに毎日忙しく飛び回っている。さらに横丁の商店街組織としての活動にも積極的で、まわりからの人望も厚い。

「路地裏猫雑貨マルルゾロ」

一〇〇軒前後ある横丁の店舗の中で、とても気になる店舗が二つある。祥和会に連なる一坪店舗である。常設の店舗というよりは屋台やフリーマーケットのような仮設的な店舗のように感じる。この二店舗はそれぞれ一坪しかない。小奇麗な店が増え、画一的なイメージを持たれることが多くなったハモニカ横丁ではあるが、この二店舗は独創的な路線をひた走る店であり、とても魅力的だ。

路地裏猫雑貨マルルゾロは二〇一三年六月にオープンした、猫をモチーフにした雑貨のみを扱う個性的な店だ。店主の飯田映理子《いいだえりこ》の猫好きが高じてオープンした店である。店主は「店」というよりは、「アトリエ感覚」と話す。デザインを猫に特化していると客層を絞りすぎていないか心配になるのだが、動物ネタは女性を中心に人気があるようで、通りすがりに足を止めている客の姿をよく見かける。

　飯田は滋賀県出身で、社会人になってからいくつかの百貨店で働き、その中で吉祥寺の東《とう》急《きゅう》百貨店で働いていたことがあり、三年ほど吉祥寺に住んでいた。

　結婚後は主にパートで働いていたが、猫が好きであることから、いつか猫グッズの雑貨店を吉祥寺に持ちたいと思っていた。当初は、吉祥寺駅から離れたところで安い家賃で物件を探していた。中でも井の頭公園界隈の建物の二階で小ぢんまりと店を始めたいと思っていた。つまり、最初からハモニカ横丁に店を出すということは全く考えていなかった。

　そんなある日、不動産屋に出かけて店頭の物件案内を眺めていると、たまたまハモニカ横丁の一坪しかない店舗の物件案内が目に止まった。その後、気づいたときにはもう不動産屋の店内で横丁の店舗の詳細を問い合せていたという。

　横丁の一坪店舗に実際に訪れてみると、なんでもすぐに手に届くところにあり、一人でやるには丁度いいと感じたという。

「路地裏猫雑貨マルルゾロ」

元々、人を雇うほど利益を出すのは難しいと考えており、一人でなんでもこなせる横丁のコンパクトな店は適していたという。

この店舗の家主である三浦は当時その物件で沖縄の特産品を扱う「おきなわ市場」を営んでいたが、自身の高齢もあり店を閉め他の人に貸そうと思っていた。ただ、横丁で長らく店を営んできた家主は昼間シャッターを閉めている店が多いことを以前から気にかけており、店を貸すときは昼間ずっと店を開けていて、定休日も少ない店に貸したいと思っていた。昼間ずっと店を開けている雑貨店ということと、定休日の少なさから、飯田に貸すことを快諾した。

飲み屋街化しつつある現在の横丁において、雑貨店をオープンさせることは稀なケースである。家賃が高騰した現在では客単価の高い飲み屋を中心とした飲食店でなければ商売を続けるのは難しくなっている。物販の店もあるが、既に仕事を引退して趣味程度に店をやっているか、もしくは昔から店をやっていて借地権を所有しており家賃を払う必要がなく地代だけで済んでいる場合のみ、雑貨店や衣料品店を続けることができている。マルルゾロ店主の飯田も百貨店でパートをやっていた頃の稼ぎにしかならず、家計を支える夫がいなければとてもではないが店はできないということであった。一坪店舗で出来ることは限られているようだ。また、実際に店を始めてみると、店内に私物《しぶつ》を置くスペースはないことから天井裏を物置として活用しているが、天井裏へ行くには階段など設けられるわけもなく、レジの後ろに設置したはしごを使うしかない。スペースが限られているために、はしごもほぼ垂直にして立てざるを得ないので、登るときは危険を伴う。店主の飯田自身、体力的にこのはしごを登れなくなったら店を閉めるという。

「ピワン」

この店のある場所には元々インドカレーの店「ガネーシャ」があったが、二〇一二年一〇月からピワンに変わった。ガネーシャはその後、同じ中央線の阿佐ヶ谷《あさがや》のスターロードにある四坪ほどの店舗へ移転した。ピワン店主・石田徹《いしだてつ》はガネーシャで働いていた従業員である。しかしながらピワンで出しているカレーは、ガネーシャの頃のインドカレーとは異なるものである。

引き継いだあとに店内の内装も全て変えた。店に入ると厨房を囲うようにL型のカウンターとなっている。L型カウンターの長手方向（マルルゾロ側）には長椅子があり三人が座れる。短手方向（通路側）はイスを置くスペースはないので立ち食いスペースもしくは、テイクアウトの注文を受けるスペースになっている。長手方向の席にどんどん人が詰めて座ると、先に入った客は後から入った客に塞がれてしまうわけだが、実際には出られなくなる心

「ピワン」

配はない。反対側の壁にしゃがまないと通れないくらいの小さな扉があり、店に入った順に逆側から抜け出せるようになっている。

昼の営業時間は一二時～一五時三〇分。その後、休憩を挟んで夜の営業時間は一八時～二二時となっている。この店はカレー以外のメニューは、ビールとチャイの飲み物二種類のみとなっているが、昼間のランチの時間に行くと名物のカレーを食べずにビールだけを楽しむ客が一人いた。確実に普通の会社員の感じではなかった。クリエーターかミュージシャンであることは見てわかった。元々、吉祥寺は作家やクリエーターなどの文化人が多く生息する街だ。開店直後から、アニメクリエーターの間で口コミとなり、今ではいろいろな人がこの店を訪れるようだ。かつてガネーシャが阿佐ヶ谷に移転したときに、横丁の一坪店舗はいずれ大きな店を持つための一時的な店として機能させているのかと思ったが、店主の石田自身はそのような野望は持っておらず、現状に満足しているようだ。ここから移転しようという気持ちは全くないようである。

店内にいて思ったのだが、通りすがりにこの店を覗き込むように見る人が多いようだった。見るからに狭すぎてどのような店内なのか気になってしまうのだろう。店内の構造がかなり特異であり、ついつい店内を覗き込んでしまうのだろうか。空間・メニュー・店主、全てに何か横丁でしか成り立たないものを感じた。まさに横丁の魅力が詰まった店だと思う。

吉祥寺の路地

ハモニカ横丁と出会って間もない頃、吉祥寺の街を歩いていてあることに気づいた。ハモニカ横丁に限らず、吉祥寺には路地が多く、どうもその路地には大通りでは見かけない、独自の雰囲気を持った店が見受けられるのだ。吉祥寺の路地を歩くたびに、いくつか気になる店があった。しかし、それら路地の気になる店は、大学生だった当時の自分には少し入りづらい店ばかりであった。しかも、一階にある店は少なく、一階にあったとしても薄暗くてあまりよく店内の様子を伺うことはできなかった。気になる店の多くは路地沿いの地下にあった。好奇心は高まるばかりだった。

当時、横丁調査を通じて吉祥寺の街の多くの方々とお会いする機会があった。その中でたまたま吉祥寺の商店街の方に食事に連れて行っていただけることになった。指定された店は以前から気になっていた店だった。無駄なデザインがないハイセンスな、路地裏の地下にあるワインバーだ。普段は安く酔える居酒屋にばかり行っていた自分はとても優雅な気分になった。少し大人になった気分だった。ワインをボトルで注文し、チーズの盛り合わせを注文して店の様子を眺めながら、店内のすべてを意識して楽しんだ。路地裏の気になる店のうちの一つを経験することのできた貴重な一夜であった。

それから数日後、吉祥寺のグルメ本の新刊が出たので買ってみた。すると、そこには連れて行ってもらった店をはじめ、自分が気になっていた路地にある店が軒並み掲載されていた。その記事を読んで初めて知ったのだが、自分の気になっていた店の多くは、吉祥寺でかつて活躍した飲食店経営者の野口伊織（故人）という人物が創業した店だった。

吉祥寺は元々ジャズ喫茶、ジャズバーの発祥の街として知られ、そのジャズ飲食店の人気に火をつけたのが野口《のぐち》伊織《いおり》だった。惜しくも二〇〇一年に亡くなられているが、吉祥寺界隈やジャズファンを中心に広く知られている人物である。これまで吉祥寺を中心にジャズ喫茶以外にも、レストラン・バー、ケーキ店、本格和食の飲食店などをオープンさせていた。彼が亡くなった後も妻の満里子《まりこ》が会社を引き継ぎ、今でも一〇店舗以上の店を吉祥寺界隈で経営している。

野口の両親は元々銀座で純喫茶をやっていたが、健康上の理由で空気の綺麗な郊外・吉祥寺に引っ越してきた。父親は吉祥寺でも純喫茶を始めた。場所は現在の吉祥寺パルコが立っている一帯のど真ん中。しかし、商売はなかなか芳しくなかった。その頃野口は高校生でジャズ喫茶に入り浸っており、父親にジャズ喫茶に路線変更しないか提案した。一九六〇年にジャズ喫茶「Ｆｕｎｋｙ」として新装開店すると、たちまち人気店になった。地下と一階は典型的なジャズ喫茶で、二階はジャズボーカルアルバム専門で、応接間的な雰囲気を想定して作られた。この店が吉祥寺におけるジャズ喫茶ブームに火をつけ、その後、「メグ」や「A&F」といったジャズ喫茶がそれに続くように開店した。一九七八年に吉祥寺パルコの建築計画に伴い、移転を余儀なくされる。その頃、客の中にかつては多くいたジャズマニアが徐々に減少しつつあることを感じていたため、BGMとしてジャズを流すだけの飲食中心のカフェバーへと変貌を遂げる。当時は家庭にオーディオ機器が普及し、携帯音楽プレーヤーも登場するなど、音楽を気軽に楽しめる環境が整ったこともあり、わざわざジャズ喫茶で音楽を楽しむ理由が失われつつあった。ジャズ喫茶をはじめとした音楽専門の飲食店は衰退していった。

ジャズ喫茶というと、私語厳禁、ありきたりな曲はかけず、自分が如何にジャズに精通しているかを競い合う場所であるというイメージが強く、癖のある店主が店を切り盛りしている印象がある。ジャズ喫茶はよくジャズを教わる道場であるという表現をされ、店主が客へ主張するものである。しかし、野口はジャズにこだわりながら時代の変化を読み取り、経営を変化させていき、その後は数々の飲食店をヒットさせ、亡くなった後も彼が手がけた店は吉祥寺の街を特徴づける存在感を保っている。

飲食店経営者として成功した野口であったが、彼の経営する店はどれも人通りの多い大通りには面しておらず、大通りから少し横に入った路地裏にある。吉祥寺を歩いている時に路地へ差し掛かると自然と胸は高鳴り、期待感を抱く。そんな期待感に応えてくれるのが彼の店である。吉祥寺を奥行のある街として感じられるのは、街の細部まで見所をつくった、彼のような路地の演出家の存在が大きいのかもしれない。「吉祥寺を〝町〟から〝街〟へ変えた男」と語り継がれるのも分かる、吉祥寺を語る上で欠かせない人物だ。

第九章　横丁の行く末

行き過ぎた新型居酒屋の進出

雑誌「散歩の達人」二〇一三年九月号は「ステキな横丁新世代」という特集を組んでいる。そこには冒頭でハモニカ横丁の写真と共に、説明文として「現在の横丁ブームの火付け役を担ったといっても過言ではない、吉祥寺のハモニカ横丁」とある。ハモニカキッチンを発端とするハモニカ横丁の新しい動きは、ハモニカ横丁に限らず他の横丁にも波及し、「横丁ブーム」と言われるまでに広く人々の共感を得た。この一〇年以上、ハモニカ横丁のモダンな飲食店は絶賛され続けている。

しかし、ここにきてそれに異議を唱える動きが出てきた。ハモニカ横丁にモダンな飲食店が次々と出店し続けており、その過度なテーマパーク化に拒否反応を示す人が出てきている。

日本文学の研究者でありプロのジャズピアニストとしても知られる早稲田大学教授のマイク・モラスキーが二〇一三年に『呑めば、都　居酒屋の東京』（筑摩書房）を出版した。ここではモダンな飲食店が増え続けることに対する危惧がはっきりと主張されている。

「（新型店舗の出店は）「入りにくい」という評判を背負ってきたハモニカ横丁のイメージが一変し、女性同士を含む若者から中年の男女まで、ハモニカと無縁だった人が足を踏み入れるようになった。客数が急増し、客層の幅も広がったので、だいぶ前から地道に営業してきた小規模な個人経営の飲食店にもそれなりの利点があるだろう。だから、いろいろな意味で新型店の出現はめでたいと言える。」（マイク・モラスキー『呑めば、都　居酒屋の東京』筑摩書房、二〇一二年、二四三頁）

として、モダンな飲食店の与えたメリットを考察しつつ、こう続けている。

「だが、しかし、私にはあまりめでたく感じられない。（中略）問題は変容のあり方である。客さえ集まれば、どんな店でもよいはずもないだろう。私が特に大事に思っているのは、何十年にもわたりその一帯で築き上げられてきた独自の〈雰囲気〉が根源的に継承されることである。（中略）近年の「ハモニカ横丁」で最も注目と人気を集めている店はほとんど同じ系列のチェーン店形式であるらしく、その点においても、利益を上げるためには効率的かもしれないが、小ぢんまりした店で呑み慣れた客ならば、その合理性重視の営業姿勢が悪臭芬々たるものであり、敬遠したくなるものである。」（前掲書、二四六－二四七頁）

私がハモニカ横丁と出会った二〇〇四年頃の横丁にはモダンな飲食店はハモニカキッチンくらいしかなかった。時代の変化と共に、魚屋や肉屋などの物販店が商売を続けにくくなり、店を閉じ、そこに入ってきたのがハモニカキッチンだった。その後は毎年のようにモダンな飲食店は増殖し、人気店としてメディアでよく取り上げられ、絶賛され続けてきた。当時は、モダンな雰囲気を持った店の進出に対して異論を唱える人はいなかった。

しかし、同じような雰囲気を持ったモダンな飲食店があまりに増え続けるので、マイク・モラスキーが異論を唱えた。そしてこれとほぼ同時期に、ツイッターでも近年のハモニカ横丁の変容を危惧する意見がいくつか見受けられた。私も近年の横丁の変容は受け入れがたいだけに、同じように感じている人が他にもいることに驚いた。

これは別に「新しいものだから悪い」と言っているのではない。後継者の不在や売上の低迷などにより、老舗が閉まることは仕方のないことだろう。しかし、その空き物件が次々と同系統の店舗に変わることは、一部の経営者が街を私物化しているようで、あまり気持ちの良いものではない。

ヤミ市を起源とする横丁にある居酒屋で、ヤミ市時代から続く店はほんのわずかであり、その多くは老舗でも終戦からしばらく経った一九六〇年代頃にできた店が多い。ヤミ市を起源とする横丁へ行ったからといって、ヤミ市時代から続く店に行ける可能性は事前に情報を収集してから行かない限り低い。

既に始まっている再開発

横丁に足を踏み入れると、普段街を歩いている時には感じることのないヒューマンスケールを感じる。人間が通るための道、人間が生活するための空間。終戦直後、まさにここが生死をかけた人間の野性的な欲望が蠢《うごめ》いたヤミ市であり、自然発生的に生まれた空間であることを認識できる。

スケール感を横丁のどこに読み取るであろうか。足を踏み入れたときにまず感じるのは、通路の狭さである。幅は一・五メートル前後で、とても狭い。人と人がすれ違うのがやっとのところもある。傘をさそうものならすれ違うことはできない。

そして、もう一つはその狭い路地に連なる建物の間口の狭さである。その間口の狭さは、どこから感じ取るのだろうか。それは建物と建物の間にある外壁や柱の位置から読み取れる。こういった建物の構造的な違いから、店舗同士の境界を認識し、それにより間口の狭さを感じる。

しかし、確かに構造的な違いはわかりやすく、感じ取りやすいかもしれないが、それだけではないように思う。構造的な違いよりも、むしろ店内に広がる商空間の違いの方が、空間の境界線をより鮮明にするように思える。ヤミ市時代から続く年季の入った干物店の横に、可愛らしい女性向けの洋服店があれば、二つの店の対照的な雰囲気の違いから、店と店の境界はとても鮮明になるだろう。二〇〇〇年頃のハモニカ横丁には業種や開業した年代が非常に広い幅で混在していた。つまり、実際に横丁を通行した時に、その各店舗の業種や年代の大きな差異がスケール感の演出に寄与していたのではないかと思う。また、この業種と年代のバラけ具合は自然な時の経過を感じるものだった。年月が経てば、一店舗、また一店舗と後継者不在や様々な事情で店を閉めていくだろう。そして、それに代わるようにさまざまな業種の店がその都度出店するのだろう。

しかし、この一〇年でハモニカ横丁はあまりにも変わった。そう感じさせるのはなんだろうか。この間に、変わったことといえば、仲見世通り商店街では終戦直後から続く履物店の「岡村屋」が長い歴史に幕を下ろした。祥和会では終戦直後から続く飲み屋、「おばこ」、「ばんかー」もなくなっていった。横丁の歴史ある店が閉まったことはとても残念なことだ。吉祥寺には靴を売る店が数多く進出しているし、居酒屋だって安く酔える店が増えている。後継の不在、他にもいろいろ存続できない理由は重なったのだろう。しかし、残念には感じるものの、それ以上の感情は抱かない。やはりそれもまた自然なのであり、惜しみつつも仕方のないこととして受け止める。

だが、最近はその店を閉めた後の経過が不自然であるように感じざるを得ない。ハモニカ横丁は、急速な均質化が進みつつある。そのせいか、昔は雑多なイメージがあったが、徐々に画一的なイメージを抱かれつつあるように思う。実はこの均質化の進行は、再開発が既に始まっていることを示しているのかもしれない。気づいたら全てモダンな建物に変わって、店舗が個々に再開発を始めているのかもしれない。そうなれば気づかぬうちに、全体としてみた時に作り物がヤミ市の原型を超え、いつの間にか再開発が完了を迎えているのかもしれない。

あとがき

哲学者の中島義道が、日本人が持つ「観念としての自然」という概念について興味深い考察をしている。

「私も以前、日本人にとって『自然』とは固有の領域ではなく『副詞的自然』つまり自然にという意味しかもたない、と論じたことがある。すなわち、わが国では自然は人工や人為の対極にある概念ではなく、むしろそれは微妙な仕方で人為と融合している。考えてみれば、日本人が日常的に眼にする自然とは、なまの荒々しい自然ではなく、きれいに耕作された田んぼや鎮守の森や藁葺きの屋根を取り込んだなつかしい風景であって、そのまま人為的な風景なのである。」（中島義道『醜い日本の私』新潮文庫、六九頁）

何もない緑に包まれている野生の山間に農道や田畑を切り開く。そのうち鉄道が敷かれ、列車が煙を出して走る。これは人工的に造られた風景だが、この風景もまた「自然」なのだと言う。自然を尊重しつつ、自然に寄り添いつつ人工的なものがあることも含めて、日本人は「自然」だと認識する。在り方としての自然、態度としての自然を尊重すること、それが日本人にとっての「自然」なのだという。

ヤミ市が発生した経緯を「自然発生的」に形成されたなどと表現されることが多いが、じっさい、ヤミ市はやはり「自然」に生まれ、存在した。なぜ私自身、ヤミ市の何に魅力を感じているのか考えたときに、その一つにヤミ市の自然な在り方に魅力を感じているのではないかと思う。政府の方針を守っていては死んでしまう、生きるか死ぬかの時代。人間が本来持っている動物としての野性味溢れるエネルギッシュな「生」への執着が表れ、人間の自然な在り方が限りなく表現された場所である。ヤミ市の発生と在りように、観念としての「自然」を見出すことができるからこそ、私はヤミ市やそれを起源とする横丁に惹かれる。

それにしても、戦後ヤミ市にいた露天商たちは終戦から長い時間が経過した今、これほど発展を遂げた現代を想像しなかっただろう。そして、現代になってもヤミ市起源の横丁が存続しており、現代人が普通に利用しているということも想像しなかったと思う。終戦直後の特殊な事情によって生まれたヤミ市という空間が、現在も利用されているどころか、街の人気スポットとなって活躍している……。そう思っただけで、胸が熱くなる。

*

私がハモニカ横丁の調査をしていた時期は、終戦から六〇年経った二〇〇五年頃だった。つまり、終戦のときに一〇代だった人たちが七〇代のときに調査をしていた。今思えば、この時期に調査をできたことはとても幸運だった。あの頃は特に会う約束を取り付けなくとも、日中に横丁を訪れれば誰かしら横丁の生き字引ともいうべき方々とお会いでき、話をうかがうことができた。当時、話をお聞かせいただいた方は今では八〇代になられたが、幸いなことに今でもお元気でいらっしゃる方も多い。しかしながら、高齢ということもあってご自宅で静養される時間が年々増え、今聞き取り調査をしようとしても当時と同じようにスムーズにはできないだろう。

また、当時はハモニカ横丁全体の商店街組織である吉祥寺北口駅前商店街連合会がまだあったので、横丁の店舗の二階にそれなりに広い商店街事務所があって、何かお聞きしたいことがあるとそこで資料などを見せていただきながら、じっくり話をうかがうことができた。しかし、今では組織の解散と共に商店街事務所もなくなってしまい、横丁でじっくりお話をうかがえるスペースはなくなってしまった。こういった状況を考えれば、私が調査をしたときと現在ではあまりにも調査する環境としては悪くなったのは間違いがない。ヤミ市をはじめとした戦後史を聞き取り調査できる時間は残り少なくなっていることを実感する。

　大学生時代から調査をしたり、調査と称して食事に行ったり、頻繁に吉祥寺を訪れている。ハモニカ横丁で長らく商店街組織の会長を務められた水野秀吉さん、干物店「なぎさや」二代目の入澤勝さん、三代目の入澤淳之介さんには調査にご協力いただくだけでなく、公私共に大変お世話になっている。

　学生時代、私がハモニカ横丁に関心を抱くきっかけになったのは、やはり「ハモニカキッチン」という店との出会いが大きかった。同店の経営者である手塚一郎さんには店ができる経緯をお聞かせいただくなど、貴重な時間を割いてお付き合いいただいた。

　他にも、ハモニカ横丁で商売をされている高橋敦子さん、飯田恭子さん、小松由美さん、林宏美さん、松江勇武さんをはじめとする皆様にもお話を伺い、調査にご協力いただいた。

　調査・研究においては、早稲田大学の橋本健二先生と東京大学の初田香成先生には、定期的にお会いする機会に恵まれ、ご指導いただいている。社会人になってもヤミ市研究を続けることができるのは、両先生に多くのご配慮をいただいているからである。また、両先生を中心に組織されているヤミ市研究会（私も所属している）のメンバーからも有益なアドバイスを度々いただいた。

　そもそも、このようにハモニカ横丁を中心としたヤミ市の研究を、一冊の本にまとめるよう鼓舞してくださったのは、早稲田大学のマイク・モラスキー先生だった。先生に出会えていなければ、本書は生まれなかっただろう。

また、筑波大学の五十嵐泰正先生には、アメ横の調査結果をご提供いただくだけでなく、度々お話を伺い、多くの示唆をいただいた。

そして最後に、声をかけてくれた編集者の伊藤嘉孝氏には、感謝の気持ちで一杯である。他にもとても多くの方々にお世話になった。いくつもの貴重な出会いに恵まれたからこそ、本書をまとめることができた。本当にありがとうございます。

二〇一五年三月

井上健一郎

参考文献

猪野健治編『東京闇市興亡史』ふたばらいふ新書、一九九九年
井上健一郎『吉祥寺「ハモニカ横丁」の記憶』私家版、二〇〇七年
金子正巳『やきとり屋行進曲　西新宿物語』ことば社、一九八三年
吉祥寺駅周辺再開発事業誌編集委員会編『二一世紀への基盤づくり　吉祥寺駅周辺再開発事業誌』武蔵野市、一九八九年
桑原才介『吉祥寺　横丁の逆襲』言視舎、二〇一一年
斉藤徹『吉祥寺が「いま一番住みたい街」になった理由』ぶんしん出版、二〇一三年
塩満一『アメ横三十五年の激史』東京稿房出版、一九八二年
渋谷地下商店街振興組合編『しぶちか二五周年誌』渋谷地下商店街振興組合、一九八四年
島村恭則編『引揚者の戦後』新曜社、二〇一三年
陣内秀信『江戸東京のみかた調べかた』鹿島出版会、一九八九年
成蹊大学政治経済学会『武蔵野市（中）』武蔵野市、一九五四年
高橋珠州彦『近代における大都市近郊地域の都市化過程　特に東京都武蔵野市吉祥寺地区の旧農家と移入者の動向を中心として』筑波大学大学院歴史・人類学研究科史学専攻歴史地理学コース修士論文、二〇〇一年
中島義道『醜い日本の私』新潮文庫、二〇〇九年

長田昭『アメ横の戦後史　カーバイトの灯る闇市から六〇年』ベストセラーズ、二〇〇五年
新潟市編『新潟湊の繁栄　湊とともに生きた町・人』新潟日報事業社、二〇一一年
博報堂生活総合研究所『タウン・ウォッチング　時代の「空気」を街から読む』ＰＨＰ研究所、一九八五年
橋本健二『居酒屋ほろ酔い考現学』毎日新聞社、二〇〇八年
橋本健二・初田香成編『盛り場はヤミ市から生まれた』青弓社、二〇一三年
初田香成『都市の戦後　雑踏のなかの都市計画と建築』東京大学出版会、二〇一一年
福富太郎『わが青春の「盛り場」物語』河出書房新社、一九九五年
マイク・モラスキー『呑めば、都　居酒屋の東京』筑摩書房、二〇一二年
松平誠『ヤミ市　東京池袋』ドメス出版、一九八五年
松平誠『ヤミ市　幻のガイドブック』ちくま新書、一九九五年
安田常雄編『社会を消費する人びと　大衆消費社会の編成と変容』岩波書店、二〇一三年
渡辺英綱『新編　新宿ゴールデン街』ラピュタ新書、二〇〇三年

著者略歴
井上健一郎
1984年新潟県生まれ。法政大学工学部都市環境デザイン工学科卒業、現在会社員。
共著に『盛り場はヤミ市から生まれた』（青弓社、2013年）。

吉祥寺《きちじょうじ》「ハモニカ横丁《よこちょう》」物語《ものがたり》

2015年５月20日初版第１刷印刷
2015年５月24日初版第１刷発行

著者　井上健一郎

発行者　佐藤今朝夫
発行所　株式会社国書刊行会
〒174-0056　東京都板橋区志村１-13-15
TEL.03-5970-7421　FAX.03-5970-7427
http://www.kokusho.co.jp

装丁者　黒岩二三［Fomalhaut］
印刷・製本所　三松堂株式会社

ISBN978-4-336-05899-7　C0036
乱丁本・落丁本はお取り替え致します。